LES SANS RADIO

Histoire d'un mouvement citoyen

n° ISBN : 978-2-3224-0674-6

Édition : BoD – Books on Demand, info@bod.fr
Impression : BoD – Books on Demand, In de Tarpen 42,
Norderstedt (Allemagne)
Impression à la demande

Conception graphique et mise en page
(intérieur et couverture)
Marion Blangenois
www.lance-projet.com

Dépôt légal : juillet 2022
Tous droits réservés
© 2022, Michel Léon / Association des Sans Radio de l'Est Parisien
15, rue de Duchères - 26150 Laval-d'Aix

www.sansradio.org

À Estelle Dorra

Michel Léon

LES SANS RADIO

Histoire d'un mouvement citoyen

Association Les Sans Radio de l'Est parisien

« *L'avantage de la radio sur le cinéma,
c'est qu'à la radio l'écran est plus large.* »

Orson Welles

« *D'abord ils vous ignorent, ensuite ils vous raillent,
puis ils vous combattent et enfin vous gagnez.* »

Gandhi

« *Toute vérité franchit trois étapes. D'abord elle est ridiculisée.
Ensuite, elle subit une forte opposition.
Puis, elle est considérée comme ayant toujours été une évidence.* »

Arthur Schopenhauer

« *Le Conseil supérieur de l'audiovisuel et l'Agence nationale des fréquences prennent les mesures nécessaires pour assurer une bonne réception des signaux et concluent entre eux à cet effet les conventions nécessaires.* »

Article 22 - loi n° 86-1067 du 30 septembre 1986, relative à la liberté de communication.

PRÉFACE

J'ai souvenir de mon premier poste. Il était à galène, je l'avais construit moi-même. La galène était un petit morceau de charbon brillant dans lequel on devait chercher les stations avec un ressort.

J'ai eu ensuite un transistor : la nuit dans la ferme du Pas-de-Calais où j'étais ouvrier agricole, j'écoutais Paris sous les draps en collant le poste à mon oreille. J'ai fait des belles rencontres, sur France Culture : Ionesco et la *Cantatrice chauve*, Jean Vilar à Avignon, Jacques Prévert qui parle de Gabin, Jean Cocteau... que du beau monde arrivé dans ma chambre.

Je me souviens du gros poste du salon à Arras, c'était un Pathé-Marconi. J'écoutais les concerts de musique classique et j'essayais de découvrir le nom du compositeur.

Puis je suis arrivé dans le 20e, la Campagne à Paris, des jardins, des oiseaux, des chats, mais pas de radio. Enfin, trop de radios... 57 stations. Le rap y entre en collision avec les suites de Bach. Stromae chante en duo avec Dietrich Fischer-Dieskau...

Heureusement, j'ai rencontré les Sans Radio et Michel Léon. J'ai vu une annonce et je l'ai appelé. Puis rappelé des dizaines de fois pour savoir quand je retrouverai la radio. Je lui parlai de mes insomnies. De ma main sur l'antenne qui se relâchait quand je m'endormais et des crachouillis qui me réveillaient dans la torpeur des nuits sans radio !

Pour couper court aux insomnies, j'ai emmené les Sans Radio rencontrer la présidence de Radio France. En vain. Pétrifié devant tant de mauvaise foi ! Et ahuri de la détermination de cette minuscule association qui ferraillait contre présidents et ministres. Les têtes changeaient, toujours pas de radio !

À force de ténacité, d'obstination, l'association m'a proposé un petit poste : le DAB+ ! Une trouvaille du monde moderne. Une de plus ! Un remède aux ondes devenues folles.

Un jour, Michel Léon est venu l'installer chez moi... Comme d'autres voisins, tout le quartier en somme, j'ai retrouvé mes radios ! C'était l'été 2016. La fête !

Jean-Louis Fournier

AVANT-PROPOS

Quand ça coupe !

Souvent, ça arrive le matin, quand tout le monde écoute « les infos ». Devant le lavabo. Ce jour-là, en mai 2016, ils sont deux. Le père, le fils. À Bagnolet. Côte à côte, ils se préparent. Chacun devant son miroir. Ils écoutent en silence le journal. Soudain plus de son... Évanoui ! Depuis des années, la scène se répète : quand le silence s'installe, ils ne réagissent même plus. La voix ? Disparue ! L'émission ? Coupée !

La FM, ils l'ont abandonnée depuis longtemps : inaudible. Inutile de triturer le fil de l'antenne. Comme si un scoubidou pouvait faire des miracles. Ils se sont donc reportés sur un smartphone et la radio sur Internet (lire p. 52 *The Best-Effort Delivery*). Mais au lieu de les soulager, le numérique les a déçus par son inconstance. « *Inopinément* » : c'est le terme qui apparaît à l'écran pour qualifier les coupures ! C'est la coqueluche de tout usager de l'informatique ! Pour d'autres, ce petit drame du quotidien survient plutôt le soir, voire la nuit ! Quand il faut lutter contre les démons, les fantômes. Que les angoisses surgissent. Et qu'on fait appel à la radio pour soulager sa solitude. Pour ne plus se sentir aussi seul. Écouter ces voix venues d'ailleurs, qui rassurent, réparent et apaisent.

Sauf autour de la porte de Bagnolet ! Ici, une chose est sûre : ça coupe depuis longtemps. Depuis des années même. Tout le monde vous le dira. L'habitant, l'automobiliste de passage, le taxi ! Et si jamais vous aviez réussi à coincer la fréquence par le truchement du Net, détrompez-vous : ça ne devrait pas tarder à couper !

Alors quand arrive la coupure, quand survient le silence, ou que la parole est brouillée par d'énormes grésillements, ne compte plus que la frustration ! Immense... À vous couper le souffle ! Vous suiviez le fil d'une pensée qui s'exprimait dans le poste, vous aviez l'attention emportée par le discours d'un autre, que vous écoutiez comme par magie. Subitement... Plus rien ! Interruption ! On reste là, en manque. Plus de flux sonore. C'est ainsi qu'on devient un frustré de radio ! On n'aura pas la suite... Jamais. Insupportable. L'auditeur peste ! De jour comme de nuit. Dans le vingtième ou le dix-neuvième arrondissement à Paris, aux Lilas, à Romainville, à Montreuil, à Bagnolet ou ailleurs !

Pourtant, on vit au XXIe siècle. Et recevoir la radio en France est presque vécu comme un droit. En tout cas une évidence. Dans cette zone, c'est plutôt un luxe inaccessible : prendre connaissance de l'état de la planète, de l'actualité, s'enrichir de la parole ou de la musique des autres... face au lavabo, après la douche ou dans la nuit. Se réveiller en écoutant d'autres voix nous raconter le monde. Les bonnes âmes, debout plus tôt, qui nous font passer à domicile quelques bribes d'actualité... Ailleurs très banals, écoutés d'une oreille plus ou moins distraite, ici ces instants sont devenus magiques. Comme si, à travers ce flux radiophonique, c'était tout l'univers qui venait jusqu'à nous.

Mais pas à la porte de Bagnolet ! Ce matin-là, à Bagnolet, ils n'auront pas la fin de l'histoire. Pas la suite des idées, ni les prochaines mesures du morceau, ou la réponse à la question posée.

Coupé !

... Faire quelque chose !

C'était un matin d'octobre 2002. Vers 7 h 30. Je rentrais chez moi en voiture. Au pied des deux grandes tours de Bagnolet. L'esprit occupé par l'autoradio qui diffusait le journal de France Inter : la matinale d'informations au plus fort taux d'écoute. Comme chaque matin, après avoir déposé ma fille au métro, avec son violoncelle, j'avais l'oreille attentive à la succession des nouvelles. Pour tenter de comprendre le monde, d'être au courant de ce qui se passe. Citoyen curieux, mais aussi journaliste soucieux de son métier.

Et puis d'horribles grésillements sont venus interrompre cette écoute. Des crachouillis qui brouillent le débit, hachent les paroles. Tout est venu de là : du son inaudible d'un autoradio. Plus possible de comprendre le sens des mots, de suivre la logique des phrases… Cela m'a mis dans une colère noire : vivre à deux pas de Paris et ne pas pouvoir écouter la radio ! Hors de moi, je suis décidé. Résolu. C'était une évidence : pas question de continuer à vivre sous une telle contrainte. Sans recevoir la station la plus écoutée de France. Son journal du matin, ses rubriques, ses chroniqueurs, ses journalistes… Non seulement la principale station de service public, mais aussi la radio de référence en cas d'urgence.

Je suis déterminé : je dois trouver une solution.

Il m'a fallu quatorze ans pour y parvenir !

Radio !

Rendre à la radio tout ce qu'on lui doit ! Elle peut être fière, la bonne vieille radio, elle qui dame encore le pion à de nombreux autres médias et supports, plus récents et plus numériques les uns que les autres : c'est ce petit transistor grâce auquel on peut recevoir ses émissions favorites. Où que l'on soit (ou presque ! sauf autour de la porte de Bagnolet). « Écouter la radio » : un geste quotidien, un geste ordinaire, banal, historique, et au-delà, un lien qui nous relie au monde quand on est handicapé, alité, immobilisé. Un geste d'urgence, parfois, en cas d'alerte… France Inter est la radio sur laquelle il faut se brancher pour recevoir les consignes en cas de catastrophe, en cas d'accident grave sur le territoire national…

Avant 2002, sans crachouillis !

Jusqu'en 2002, je n'avais aucune difficulté pour écouter la radio à Bagnolet (Seine-Saint-Denis) et recevoir les stations de la bande FM. Autour de moi, personne ne se plaignait dans le « neuf-trois ».

Que s'est-il donc passé en 2002 ?

Pour comprendre, il faut remonter à la libéralisation des ondes au début des années 80. Sous la présidence de François Mitterrand. Aux revendications des radios libres succède une explosion de stations sur la bande FM à Paris et tout autour. Jusqu'à la faire déborder. Une foire d'empoigne, où l'auditeur patauge dans une débauche de stations. Toutes se grimpent les unes sur les autres. Du désert et de la pénurie, l'auditeur est passé à la profusion, peinant à se repérer, à capter la sienne. Le ciel pur de la radio d'avant 1981, avec cinq stations perdues sur la bande, s'est couvert de nuages : à côté des sept stations de service public (France Inter, France Info, France Culture, France Musique, Fip et deux nouvelles : France Bleu et Le Mouv', sans parler de RFI, qui ne fait pas partie du groupe Radio France), ont débarqué plus d'une cinquantaine de cousines, privées ou associatives, avec autant de fréquences. Une pagaille qui rend l'auditeur excédé, balloté dans cette cohue sonore. Comment retrouver sa radio entre 48 fréquences de 87.5 à 108 MHz ? La chienlit !

Sur ce nouveau marché, deux opérateurs de radio omniprésents et concurrents se partagent, avec leurs antennes, le gâteau de la diffusion de cette cohorte de stations. D'autant que les sites physiques, qui doivent par leur altitude dominer la région pour mieux diffuser les émissions, ne sont pas pléthore ! D'un côté, TDF, l'opérateur historique, alors filiale de France Télécom, qui sera privatisé au cours des années 2000[1] ; de l'autre, TowerCast, la maison mère de NRJ, la station vedette de l'époque, qui rafle tout ce qu'elle peut.

Commercialisé par TDF, le principal site d'émission pour toute la région parisienne est implanté en haut de la tour Eiffel. C'est de là, à 324 mètres d'altitude, que sont émises les stations du groupe Radio France. Le second, c'est le site des tours Mercuriales à Bagnolet. À l'époque, chacun des deux opérateurs y est présent et gère une antenne perchée en haut d'une des deux tours jumelles, d'où ils diffusent au plus une dizaine de stations. Les deux antennes, celle de TDF et celle de TowerCast, sont distantes d'une cinquantaine de mètres l'une de l'autre ! Cette proximité peut contribuer aux perturbations sur la zone, ce à quoi s'ajoute la diffusion par TDF d'une station (TSF-93 qui deviendra TSF Jazz 89.9) avec une puissance anormalement forte : dix fois celle de France Inter à la tour Eiffel. Longtemps, TDF a contourné

---

[1] Lire par exemple, *France Télévisions, Off the Record : histoires secrètes d'une télé publique*, de Marc Endeweld.

ces difficultés, qui handicapent principalement les stations qu'elle émet depuis la tour Eiffel, en particulier France Musique et France Culture, en utilisant, depuis une autre antenne, implantée sur l'imposante tour aux Lilas, essentiellement consacrée à la télévision, des fréquences complémentaires accordées par le CSA.

Mais, en 2002, le CSA décide de récupérer les deux fréquences complémentaires. Il consacre l'une à la diffusion du Mouv, nouvelle station lancée par le groupe public. Il réquisitionne la seconde pour diffuser des émissions pédagogiques sur l'euro. Ces dispositions, je les apprendrai par un article de Télérama (n° 2715 – 23 janvier 2002). Là commencent les ennuis des Sans Radio !

La faute à la DGSE ?

Certains voisins en sont persuadés… Quand je parle de brouillage, de bande FM inaudible, leur regard se remplit de malice ! Pour eux, c'est comme une évidence : la piste à suivre, eux la connaissent… Quand je cherche à comprendre ce qui se passe dans le quartier de la porte de Bagnolet, pourquoi la bande FM y est systématiquement perturbée, pour eux c'est du côté de la porte des Lilas qu'il faut enquêter. Pas l'ombre d'un doute ! Encore aujourd'hui, certains en sont convaincus…

Un tel brouillage ne peut venir que des services secrets de la République. De ces espions ordinaires, qu'on voit pénétrer dans cette caserne, qui cherche à se faire discrète mais dont les hauts murs et les antennes paraboliques géantes inquiètent.

Pour eux, c'est simple. La source de nos soucis, elle est là ! Dans ce centre de la DGSE, surnommé « la Piscine ».

Tout riverain de la porte des Lilas, dans le 19e, le 20e ou de l'autre côté du périph, apprend vite à la connaître, la caserne Mortier ! Elle occupe les deux côtés du boulevard éponyme, à côté de la piscine des Tourelles. Les allées et venues de ces messieurs sont discrètes. Aux heures de bureau. Mais la population s'interroge : que font ces militaires, ces fonctionnaires d'une administration un peu particulière ? Parmi ces agissements, n'émettraient-ils pas des ondes néfastes ? De là à imaginer qu'ils brouillent la bande FM, le pas est vite franchi.

Pourtant il n'en est rien. Pour m'en convaincre, j'ai eu un peu de chance. Le hasard m'a fait sympathiser avec deux de ces hommes qui longent ces grands murs et y travaillent. Quand je leur ai posé ma question à brûle-pourpoint, leur réponse a été cinglante : « *Ici on reçoit ! On n'émet pas ! Et là d'où on émet, tu n'es pas près de savoir où c'est !* »

Négatif ! En fait, même si la thèse était séduisante, il faut s'y résoudre : les services secrets n'y étaient pour rien.

Écrire, écrire, encore écrire !

En descendant de voiture, privé de radio, c'est ma colère qui m'a mobilisé. Coûte que coûte ! Pas une minute à perdre…

Plusieurs courriers m'ont aidé. Des années plus tard, j'en saisis l'importance. J'ai beau m'être souvent engagé, avoir milité depuis mon adolescence, l'affaire des Sans Radio m'a prouvé que, face à l'institution, aveugle et servile, le moindre compagnonnage compte, le moindre soutien… Et qu'il faut écrire, écrire et encore écrire !

Ainsi ai-je vite appris qu'au cours de l'été 2002, la première adjointe au maire de Bagnolet, Marie-Christine Lacazette, s'était plainte de ces nuisances dans un courrier adressé au CSA. Comme on jette une bouteille à la mer. Efficace, cette lettre fait parfaitement le tour de la question : « *De très nombreux habitants de Bagnolet se plaignent de façon récurrente*, écrivait l'élue en août 2002[2], *de ne pouvoir recevoir les émissions de la bande FM dans des conditions acceptables [...]. Impossible de fixer une réception, celle-ci étant instantanément couverte par des émissions diverses et cela, quelle que soit la qualité de l'appareil de réception. Je souhaite*, concluait-elle, *que les interventions techniques sur le site permettent de mettre fin à une inégalité de traitement dont sont victimes les habitants de Bagnolet face aux différentes sources d'information.* »

Dans son courrier, Mme Lacazette visait juste. Elle ne s'arrêtait pas seulement au constat de la nuisance. Elle en précisait les détails. Et confirmait surtout que la qualité du poste n'y était pour rien. Enfin, elle concluait sur l'injustice – une de plus – dont sont victimes les habitants de l'Est parisien. Tout y est écrit !

Le CSA n'a jamais répondu à Mme Lacazette. Par la suite, je me suis habitué à cette absence de réponse aux courriers. Les miens comme ceux d'autres habitants dont on me faisait part. En France, des autorités s'autorisent ainsi des comportements qu'elles fustigent de la part des citoyens. J'ai appris à m'y faire. J'ai aussi appris à apprécier les réponses qui me sont parvenues, ou qui m'ont été transmises par d'autres.

---

[2] La plupart des documents cités dans l'ouvrage, comme cette lettre, ont été mis en ligne au fur et à mesure sur la page « Chronologie » du blog sansradio.org, comme cette lettre. Ils y sont encore disponibles.

C'est ainsi que j'ai découvert, à la même époque, mais avec stupéfaction, la réponse, datée du 13 septembre 2002, de Radio France, alors présidé par Jean-Marie Cavada, au courrier de protestation d'une de mes voisines. Comment retenir ma colère en lisant sous la plume d'un de ses proches collaborateurs : « *certains récepteurs ne répondent pas entièrement aux conditions techniques : ils ne sont pas suffisamment protégés face à l'importance des niveaux radioélectriques coexistant dans un même périmètre, ce qui peut entraîner du brouillage au moment de l'écoute d'un programme.* »

Un peu plus tard, le CSA utilisera exactement les mêmes arguments fallacieux en réponse à d'autres plaignants. Cela dit, Radio France n'élude pas le cœur du problème en évoquant « *l'importance des niveaux radioélectriques* », qu'on peut traduire en nombre d'autorisations accordées. Mais comment l'habitant victime peut-il accepter que « *ce contexte génère, dans cette zone, un champ électrique important qui nécessite d'avoir un dispositif de réception adapté* » ? Comment accepter que la technique très ancienne de la radiophonie (les premières émissions d'ondes radiophoniques datent de 1894, la radiodiffusion de programmes radiophoniques en modulation de fréquence, la FM, de 1933), après avoir traversé un siècle avec des améliorations successives, du poste à galène au transistor, jusqu'à la bande FM qui supporte le son stéréophonique, se dégrade subitement à l'aube du troisième millénaire ? De quoi méditer !

Ainsi, en 2002, alors qu'on voit d'autres technologies se développer à tue-tête, les Parisiens et leurs proches, à Bagnolet et ailleurs, ne peuvent plus écouter les stations de Radio France en modulation de fréquence ! Encore moins la stéréo pour FIP, France Inter et France Musique, confort d'écoute dont bénéficient pourtant les dix millions de Franciliens !

C'est, comme l'écrit la collaboratrice du président de Radio France, que « *le contexte génère, dans cette zone, un champ radioélectrique important* », etc., etc.

C'est « *ce contexte* », situation inouïe et invraisemblable, à laquelle je ne me résigne pas, qui va me pousser à rédiger, fin 2002, une pétition. Sans me douter de l'ampleur que va prendre ce geste d'humeur. Sans imaginer que cette histoire va durer encore… quelques années ! Ni que la bande FM ne sera jamais plus accessible pour toute cette population.

Un hic, la mauvaise foi

Dans ce dossier des Sans Radio, une question récurrente subsiste. Et pas des moindres ! Difficile d'expliquer pourquoi le groupe Radio France ne s'est pas mobilisé sur ce thème. Pourquoi n'a-t-il pas pris fait et cause sur le sujet ? Pourquoi a-t-il fait l'impasse sur un tel bassin d'auditeurs : 40 000 foyers parisiens ou de très proche banlieue, estimation faite à la louche et jamais démentie par la haute autorité ? Soit 200 000 auditeurs ou l'équivalent de la ville de Rennes. Pourquoi a-t-il convenu de les exclure de son audience ? Et, en parallèle, comment a-t-il accepté pendant des années, et aujourd'hui encore, le non-respect du principe constitutionnel d'égalité d'accès au service public, financé par le contribuable ? Comment n'a-t-il pas réclamé au CSA, aux opérateurs d'antenne, de rétablir ou de préserver localement la diffusion de ces stations ?

Un courrier du cabinet du président de Radio France, Jean-Marie Cavada à l'époque, reçu, en septembre 2002, par une Bagnoletaise, fournit, au-delà d'une simili réponse « *à sa difficulté à recevoir France Inter à Bagnolet* », des éléments pour comprendre la position du service public (Radio France est bien un opérateur de service public). Mme Labardin, que je connaissais par les associations de parents d'élèves, a été l'une des premières citoyennes à s'émouvoir de la situation (et plus tard à adhérer à l'association). Avant moi. Dès que je lance mon mouvement, elle me fait part de ce courrier reçu en 2002. Comme moi, comme Marie-Christine Lacazette, elle a voulu comprendre.

Il lui est répondu, « *après enquête auprès des services techniques* », qu'est généré, « *dans cette zone, un champ radioélectrique important qui nécessite d'avoir un dispositif de réception adapté* ». Le président de Radio France assure d'ailleurs qu'il a « *attiré l'attention du CSA sur cette situation […]* ». Pour reconnaître tout de suite que « *certains récepteurs ne répondent pas entièrement aux conditions techniques : ils ne sont pas suffisamment protégés face à l'importance des niveaux radioélectriques coexistant dans un même périmètre, ce qui peut entraîner du brouillage au moment de l'écoute d'un programme* ». CQFD.

Le groupe Radio France ne fera pas exception. Comme toutes les instances que l'association sollicitera, lui aussi recourra à cet odieux argument. Une antenne dont abuseront l'ensemble des « experts » sollicités. Et contre laquelle je devrai batailler ferme, obtenant pied à pied l'appui des collectivités, l'une après l'autre, des élus, des députés, des sénateurs…

Encore aujourd'hui, il n'est pas admissible qu'un service public prenne l'auditeur pour un zozo, un mariole, un rigolo, et lui reproche la défaillance de son poste de radio. Car ni lui, ni la qualité de son poste ne sont en cause !

Cet argument aura le don de me rendre dingue. Mais aussi de me motiver pour obtenir gain de cause.

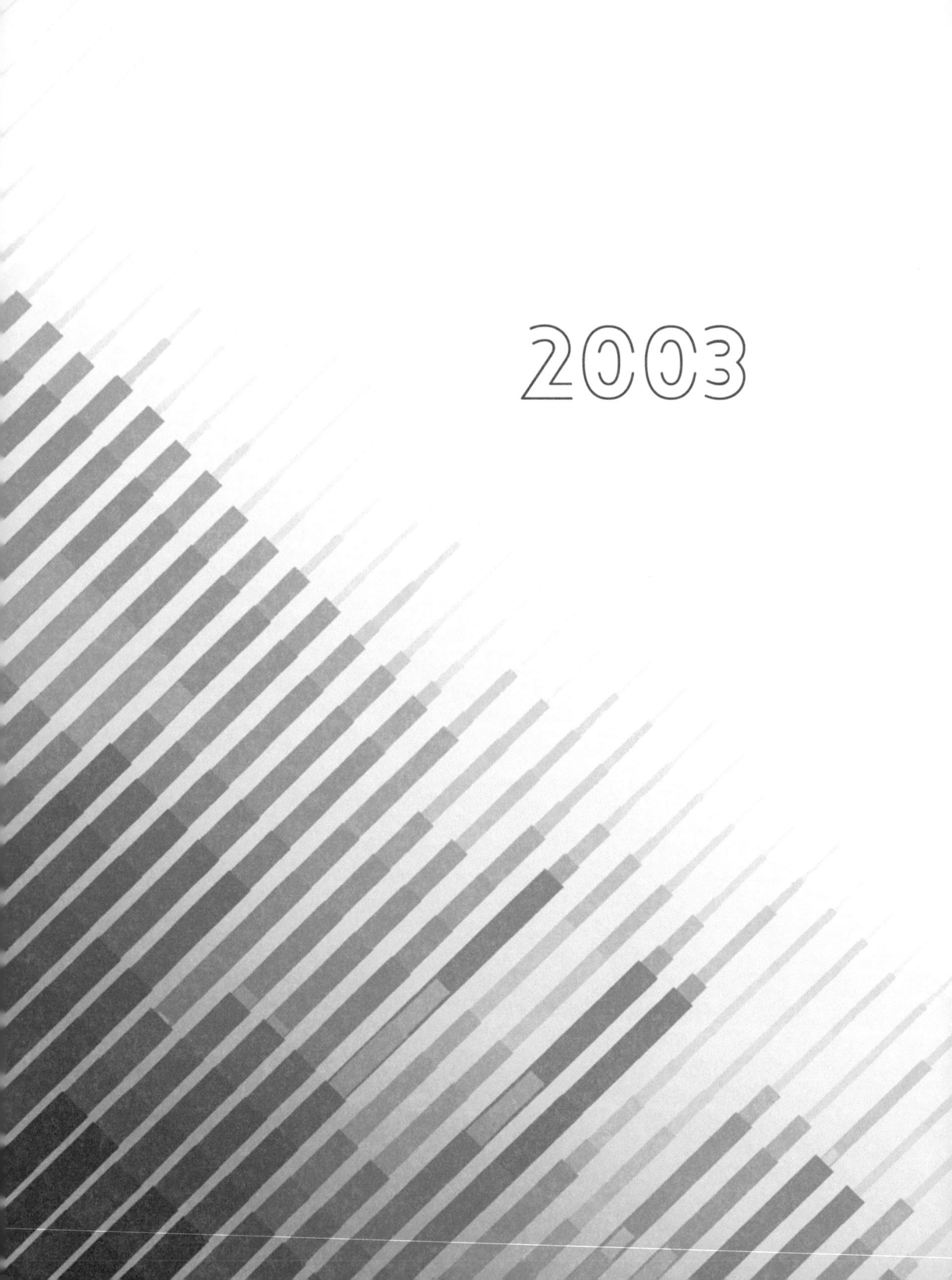
2003

Une bonne vieille pétition

Devant les premières réponses des autorités, il me faudra un peu de temps pour calmer ma colère. Formuler ma protestation, la rédiger, la présenter, bref la rendre efficace : d'abord, recueillir des informations. Réflexe professionnel. Tenter d'en savoir plus, de rassembler des éléments, monter un dossier. Mais côté opérateurs, comme côté CSA, le silence est de mise… Quant au web, en 2002, il balbutie encore : je n'y trouve rien.

J'ai glané quelques informations dans la presse. L'article de *Télérama* d'octobre 2002 m'a beaucoup aidé à comprendre ce qui s'était passé. Et tout en cherchant à amasser des informations, sans attendre j'ai décidé d'écrire, en dénonçant la situation dans un courrier au CSA, envoyé systématiquement en copie aux deux opérateurs, TDF et TowerCast, ainsi qu'à Radio France.

L'idée s'est aussi très vite imposée d'une pétition : faire signer les auditeurs lésés pour qu'en riverains, ils s'approprient le mouvement. Le rendre « populaire ». J'ai écrit un texte simple de quelques lignes : il reprenait ce que je savais de cette situation inacceptable et était surtout destiné au président du Conseil supérieur de l'audiovisuel.

Étant fondamentalement légaliste et… encore naïf, cela me paraissait suffisant pour alerter les autorités : j'étais convaincu qu'il suffirait d'informer le « gendarme des ondes » pour que le CSA, devant l'évidence de l'injustice que je dénonçais, prenne fait et cause pour les victimes dont je voulais porter la voix.

Au fil des années, j'ai amendé ce texte. Le voici, tel qu'il m'a accompagné (je l'ai abandonné quand l'association a décidé d'engager des démarches en justice) :

En 2004, pour de nombreux habitants de Bagnolet, de Montreuil, des Lilas (93), pour ceux du 20ᵉ arrondissement de Paris, il est impossible de recevoir correctement certaines émissions de radio. Et de capter, en particulier, dans des conditions audibles en modulation de fréquence (sans parler de stéréo !), les fréquences des radios nationales : France Inter, France Culture, France Musiques[3] et autres (de même pour les automobilistes qui atteignent la porte de Bagnolet par l'A3).

Nous, habitants de ces quartiers de l'Est parisien, attestons ici, par cette signature, que nous ne pouvons plus écouter les émissions du service public, que nous sommes de ce fait privés de la réception des radios publiques, et demandons l'intervention des pouvoirs publics pour y remédier.

---

[3] C'était à l'époque le nom de la station, qui avait gagné un « s » pour le perdre ensuite.

L'appel était lancé. Toutes les occasions étaient bonnes pour ébruiter cette situation. Pour échanger avec des habitants des communes concernées et leur suggérer de signer en bas de la page. J'ai alors commencé une activité… de militant, d'*agit-prop* ! Avec une particularité : j'allais seul sur le terrain, avec un lot de pétitions, quelques affichettes imprimées chez moi pour me poster derrière ma table ou sur un stand. Petit à petit, j'ai imaginé un « décor » : je me suis équipé de deux planches en sandwich sur lesquelles j'affichais des cartes du secteur, des courriers à mesure que je les recevais et que je commentais devant quelques vieux postes de radio posés devant moi pour meubler ! Qu'en ont pensé les badauds ? Peu m'importait, j'avais de l'énergie à revendre. J'étais convaincu : c'était mon combat. J'y aiguisai au fur et à mesure mes arguments.

Dans le même temps, je demande un soutien aux élus locaux, au maire de Bagnolet et au député de la circonscription, Marc Everbecq et Bertrand Kern. Le premier fait adopter, fin 2003, un vœu par son conseil municipal. Le texte dresse un constat précis des origines de la situation, évoque les premières actions que j'ai entreprises, demande au CSA de rendre publics les contrôles techniques et surtout d'engager une enquête auprès des habitants en évoquant une remise à plat de la bande FM, se proposant de se rapprocher des autres communes lésées…

Quant à Bertrand Kern, aujourd'hui maire de Pantin, il insiste dans sa réponse sur deux points essentiels : il fait appel au « *principe d'égalité qui régit le fonctionnement des services publics et a une valeur constitutionnelle depuis 1911* ». Il considère que le principe de non-discrimination « *ne peut souffrir d'aucune restriction* ».

Je me sens un peu soutenu ! J'ai continué en me tournant vers le conseil de mon quartier, une instance naissante de démocratie participative. Au cours d'une de ses réunions, au dernier trimestre 2002, j'ai présenté ma cause à tous les participants et obtenu une adhésion collective. Un peu plus tard, j'irais rendre visite, sur la colline d'en face, à un autre conseil de quartier (lire plus loin le récit de la rencontre), soulevant le même enthousiasme.

À partir de là, j'ai saisi toutes les occasions de porter la bonne parole. Dès qu'une occasion de rassembler de présumées victimes se présentait, je m'y rendais ! Brocante, fête de quartier, rue aux enfants, forum des associations… Pendant une dizaine d'années, j'ai sillonné la zone, l'ensemble des communes concernées, l'élargissant de plus en plus.

Peu avant Noël 2002, ayant déjà recueilli quelques centaines de signatures manuscrites, j'ai cru bon d'envoyer un premier courrier à Dominique Baudis, alors président du CSA.

La réponse, datée du 28 mars 2003 et que j'attendais avec optimisme, fut cinglante !

Qu'écrit Dominique Baudis ? Il justifie l'état de la radiodiffusion à la porte de Bagnolet en s'appuyant sur le respect des règles et sur les contrôles qu'il prétend instruire ! Cette phrase, en particulier, me reste en travers… de l'oreille : « *Malheureusement, il n'est pas toujours possible de recevoir toutes les stations d'une zone avec la même qualité, quelles que soient les conditions locales de réception, de dégagement de l'antenne et d'encombrement du spectre.* » Suivie de cette autre, que j'ai tout de suite pris comme une provocation : « *Pour bénéficier de la meilleure réception possible en un point donné, il faut utiliser un récepteur de bonne qualité, une antenne fixe et un filtrage adéquat.* » Apparemment, il lui semblait normal que 200 000 habitants ne reçoivent pas la bande FM, dont les stations de Radio France. Peut-être étaient-ils tous débiles, au point de ne pas savoir se servir d'une radio, ou équipés d'un poste à galène !

Désespérant ! Sauf que ce courrier de Dominique Baudis, si attendu, eut certainement l'effet inverse. Il sonna comme une provocation. D'abord, j'y ai vu un déni du problème. J'y ai senti aussi comme un abandon du service public. C'est certainement de là qu'a surgi cette évidence que le mouvement des Sans Radio ne cessera de mettre en avant : le principe d'égalité d'accès au service public impose de préserver coûte que coûte le droit de tous à écouter Radio France.

Entre octobre 2002 et mai 2003, j'ai mis les bouchées doubles, triples même. Rien ne m'a arrêté ! Il semble que cette mobilisation a tout de même payé : en mai 2003, j'ai reçu une réponse du directeur général adjoint de Radio France.

Pour la première fois, cette lettre a glissé un coin dans ce dossier que je n'arrivais pas à faire éclater au grand jour. Chargé des services techniques, ce responsable confirme des informations essentielles : daté du 7 mai, son courrier a été le premier à convenir officieusement des difficultés de réception, pendant que d'autres correspondants, le CSA et TDF, les ignoraient ou les mettaient sur le compte de transistors défaillants. Mieux, il précise que Radio France en a fait part, sans succès, au CSA lui-même ! Et ajoute qu'il revient au CSA d'assurer la police des ondes.

Combien de fois l'ai-je relu ce courrier daté du 7 mai 2003, de Sylvain Anichini, directeur général adjoint, qui dit tout :

« Les difficultés que vous évoquez sont connues de Radio France [...]. Nous avons, à plusieurs reprises, attiré l'attention du Conseil supérieur de l'audiovisuel sur cette situation. En effet, il appartient à cette instance garante de la protection de la réception de trouver les moyens à mettre en œuvre pour remédier à cet état de fait qu'elle a créé en autorisant les opérateurs à multiplier les diffusions dans ce secteur.

Et il annonçait qu' [...] *à l'initiative de Radio France, une démarche de concertation et non de négociation est en cours pour tenter de trouver un consensus* [...]. *Le Conseil supérieur de l'audiovisuel y est partie prenante. Cependant, le succès de cette entreprise n'est pas garanti et cette action ne repose pas uniquement sur la bonne volonté des acteurs, mais aussi sur la réalité du nombre de stations de radio diffusées à Paris. Aussi, vous comprendrez qu'à ce stade de notre travail, je ne puisse vous donner d'autres informations, tant que ce travail commun ne sera pas achevé* ».

Je n'étais pas fou ! Et mes voisins pas sourds... Radio France constatait les « *difficultés* » et semblait prêt à s'en préoccuper. Mais que de circonvolutions, que de précautions langagières, avant d'espérer la moindre avancée !

On écoutait mieux Ici Londres en 1940

En octobre 2003, une lectrice de *Télérama* témoigne : « *Ici la porte de Bagnolet, 20ᵉ arrondissement de Paris. Il est plus difficile de capter France Culture qu'*Ici Londres *sous l'Occupation. Depuis quatre ou cinq ans, j'écris à Jean-Marie Cavada (alors président de Radio France), à Laure Adler (alors directrice de France Culture), au Monde, au député du 20ᵉ. Aucun ne m'a répondu. Pourquoi s'étonner du peu d'audience de cette chaîne ?* »

Un petit bijou d'écriture. Le texte est court. La formule limpide. Le ton digne. Tout en finesse. Mais quelle force… La lecture de ce billet m'impressionne. Et me fait l'effet d'un électrochoc ! Je le découvre dans la rubrique « Ça va mieux en le disant ». On ne saurait mieux dire. Je le prends comme un signe ! Ainsi, comme moi, une auditrice ne s'y résout pas. Elle souffre et se plaint. Comme moi, face à sa radio comme muette, elle décide de rompre le silence.

Sa formule, combien de fois l'utiliserai-je dans notre combat pour l'illustrer et expliquer la situation dans le quartier. On écoutait mieux *Ici Londres* en 1940 que France Culture en 2003 ! Comme une évidence, je l'assénerai sans compter aux journalistes qui m'interrogeront, aux riverains dans les réunions de quartier, aux élus et aux officiels dans les rendez-vous. Un leitmotiv de notre combat.

Une fois lu, je cherche dans l'annuaire à identifier ma camarade de souffrance. J'irai à sa rencontre et ferai la connaissance d'Estelle Dorra. La dignité même ! Une documentaliste à la retraite, qui voudrait couler des jours simples du côté de la Campagne à Paris. Des jours et surtout… des nuits ! Mme Dorra est insomniaque. La radio lui sert à tromper la monotonie de l'obscurité !

Elle ne fait pas que m'accueillir : adhérente d'honneur de l'association, Mme Dorra est prête à aider comme elle peut. Elle contribuera à toutes nos actions. Sans jamais refuser d'ouvrir sa porte, aux journalistes, aux techniciens ou à l'huissier que lui envoie l'association. Elle fait aussi partie des 53 adhérents engagés dans l'action en justice grâce à laquelle les Sans Radio obtiendront finalement gain de cause.

Estelle Dora était née en Turquie en 1926. La radio l'aidait à lutter contre ce qu'elle appelait « les idées noires ». « *Je demande juste à pouvoir distraire mes nuits avec la radio* », m'avait-elle confié[4]. Nous avions fini par sympathiser et nous rapprocher avec nos origines communes, juives et turques. Elle m'avait raconté comment, grâce à des laissez-passer délivrés par la Turquie, elle avait traversé en train l'Europe pendant la 2e guerre mondiale avec son père pour rejoindre Istanbul. Je me souviens de sa description de la Vienne nazie qu'elle avait visitée entre deux trains, et des oriflammes à la croix gammée, suspendus aux immeubles. Elle n'en était pas tout à fait revenue !

Estelle Dorra est décédée en octobre 2018, à 92 ans. Discrète, délicieuse vieille dame, mais ferme et résolue, elle reste pour les Sans Radio la figure de cette lutte citoyenne. Ce livre lui rend un vibrant hommage.

Le retour de l'institutrice

En matière de radio, chacun a ses marottes, son émission préférée. À ne rater sous aucun prétexte. C'est, par exemple, l'histoire de cette institutrice de Bobigny. Elle ne pouvait se passer de son émission fétiche, qui commençait après le journal de 17 h sur France Inter. Une addiction ! À chaque sortie d'école, à 16 h 20, elle prenait ses dispositions.

---

[4] Après 2016, après que l'association fut enfin parvenue à faire avancer sa cause, elle aura son poste DAB+ à côté de son fauteuil. Régulièrement, elle m'appellera pour le réinitialiser : elle perdait souvent « *inopinément* » (voir p. 13) les fréquences numériques de Radio France qui y étaient enregistrées.

À l'heure dite, il fallait qu'elle soit à l'écoute ! Comme une gratification après le travail, la classe, les enfants, les cris et les tensions.

Mais comment « aborder » la zone des Mercuriales et les perturbations radiophoniques aux environs sur la route du retour ? Comment « choisir » ? Tenter de la passer à toute allure et laisser derrière soi les nuisances. Ou attendre, en cas de bouchons, dans la voiture, prendre patience, rester sur place, l'autoradio allumé ! Chaque jour, c'était le dilemme : s'attarder un peu plus devant l'école ou se lancer et risquer les embouteillages. Triste sort de l'auditrice de Bobigny, passionnée, mais qui doit passer par les Mercuriales et n'a donc pas droit à la radio, comme tout le monde !

La Ligue des droits de l'Homme s'y met

Un an et demi après le coup de colère d'octobre 2002, l'attitude des autorités me désespère. Les seules réactions : le déni ! CSA, TDF ou TowerCast, voire même Radio France, mis à part le courrier de Sylvain Anichini en mai 2003, dont j'ai fait état plus haut : pour l'instant, aucun n'accepte de reconnaître l'évidence, tous préfèrent contester la réalité, voire dénigrent les plaignants. Pourtant, plus je rencontre de riverains, plus je suis convaincu du problème et de sa gravité. Plus je prends aussi conscience de l'étendue de la « gêne ».

J'ai beau me démener pour récupérer des pétitions signées, les envoyer au CSA, et obtenir des vœux des collectivités (la première en décembre 2003 à Bagnolet avant le vote des Lilas, puis celui du conseil d'arrondissement de Paris 20e, celui de Paris 19e, puis encore de Montreuil et de Romainville, du Conseil de Paris, du conseil régional d'Île-de-France, puis du conseil général de la Seine-Saint-Denis, etc.), c'est l'enlisement !

Marc Everbecq, le maire de Bagnolet, envoie le vœu voté par son conseil municipal au maire du 20e, Michel Charzat, qui lui promet d'en faire autant. Les politiques se bougent.

Mais aucun signe positif, aucun geste qui puisse me rassurer du côté des institutions, dans lesquelles ma confiance est ébranlée. Pas la moindre compréhension.

Je me tourne alors vers la Ligue des droits de l'Homme et surtout vers un ami. Président de la section du 20e arrondissement, dont je suis membre, il décide de prendre la plume. En juin 2004. Et dénonce une « *situation d'inégalité* » : il s'appuie sur un droit « *garanti par la constitution et la jurisprudence* » : « *le principe d'égalité d'accès au service public* ». Au passage, il rappelle les plaintes de nombreux habitants exprimées par la pétition et insiste sur les interventions d'élus de tout niveau, laissées sans suite ! Enfin, il demande de « *rétablir équitablement l'accès de tous aux stations de service public sur la bande FM* ». Il envoie son courrier au maire de Paris, Bertrand Delanoë, au président de la LDH, Michel Tubiana, aux maires de Bagnolet et du 20e arrondissement.

Il faudra sept mois au président du CSA pour répondre ! Mais cette fois, le ton du courrier de Dominique Baudis n'est plus le même. La réponse change du tout au tout. Enfin ! D'une part, il constate les perturbations dans une lettre officielle qu'il a signée : « *Les difficultés de réception sont connues du Conseil supérieur de l'audiovisuel* ». Pourquoi ne pas l'avoir écrit plus tôt ? Pourquoi ne pas partager ce constat avec les riverains et les élus qui se sont adressées au CSA ? Par ailleurs, dans le prolongement du courrier de Radio France, le président du CSA évoque des « *investigations* » pour « *identifier les causes de ces perturbations* ». Il va même jusqu'à reconnaître une « *utilisation très dense du spectre des fréquences* », et même une « *nouvelle campagne de mesures très détaillée* » avec des « *solutions concrètes* ». C'est donc qu'il y a déjà eu d'autres campagnes ! Et que le CSA se préoccupe de cette situation. Le courrier nous redonne espoir.

Plus tard, nous découvrirons que ce courrier a été… un peu téléguidé !

Bartolone décroche son téléphone

Un soir de novembre 2004, je me retrouve devant Claude Bartolone, dans son bureau au Pré-Saint-Gervais. C'est Daniel Bernard, alors adjoint PS au maire de Bagnolet, qui m'a proposé de me faire rencontrer le député de la circonscription. Nous nous retrouvons donc tous les deux devant sa permanence, le 19 novembre, pour que je lui expose le dossier « Sans Radio » et lui demander conseil. On grimpe les étages de la mairie du Pré-Saint-Gervais. Je ne connais ni les lieux, ni le personnage. Je le sais socialiste, ancien ministre de la Ville, et qu'il représente à l'Assemblée nationale les populations du Pré-Saint-Gervais, des Lilas et de Bagnolet. Il nous fait un peu attendre à son secrétariat. Le temps de discuter avec son attaché parlementaire, qui se souvient de mes courriers insistants destinés au CSA, aux opérateurs, au ministère dont il a reçu copie. Un instant plus tard, Claude Bartolone vient nous chercher et nous reçoit, tout sourire, au bout d'un couloir dans son bureau. Échange de quelques mots chaleureux. D'abord, il me demande un point, que je lui fais, de l'état du mouvement et qu'il écoute. Déjà au courant de mes démarches, il suit mon raisonnement et convient de l'aberration de la situation, en reconnaissant la gravité de l'inégalité de traitement dont sont victimes les résidents de la zone. Je le vois réfléchir ! Un peu de temps s'écoule…

D'abord, il me propose de faire une intervention à l'Assemblée nationale pour poser une question orale au gouvernement (il montera à la tribune le 21 mars 2006), relayée par Bariza Khiari, sénatrice, le 9 avril, au palais du Luxembourg.

Subitement, il saute sur son téléphone : « *Je vais essayer quelque chose* », nous dit-il. Je le vois composer un numéro, demande à son secrétariat d'appeler un interlocuteur et raccroche. Une ou deux minutes plus tard, le téléphone sonne : Claude Bartolone engage la conversation avec son correspondant. À ma surprise, il met le haut parleur pour que nous profitions de l'échange. Très vite, je comprends qu'il s'agit d'un des neufs sages du CSA, en fin de mandat : cet homme, qui annonce son départ de la haute autorité à la fin de l'année, paraît au fait de la situation radiophonique à la porte de Bagnolet. Médusé, j'écoute les conseils qu'il glisse par téléphone au député. Autant de lignes de conduite qui guideront l'action de l'association pour les prochaines années : d'après lui, toute action contre le CSA, toute contestation des autorisations qu'il a accordées sont vouées à l'échec. Seul le tribunal administratif est compétent pour attaquer les décisions de la haute autorité. Mais même s'il prenait fait et cause pour l'association, les arrêts de cette instance sont sans effet ! Aussi efficace qu'une chiquenaude contre un mur ! En revanche, le sage suggère d'abord de réclamer les documents au CSA. Et nous invite à nous tourner plutôt vers les deux opérateurs qui gèrent chacun une antenne sur les Mercuriales. D'après lui, seule une action contre eux pour nuisance, sur un motif de trouble de voisinage, assortie d'une menace d'éventuelles pénalités auxquelles ils pourraient être condamnés, pourrait les faire bouger. Surtout si l'association parvient simultanément à mettre élus et politiques dans le coup pour faire levier.

Avis précieux et déterminant, que nous suivrons à la lettre. Quand les pourparlers avec le CSA auront échoué, quelques mois plus tard, nous nous en souviendrons et nous nous lancerons très exactement sur la piste que cet interlocuteur a tracée devant nous ce soir-là !

D'un étrange arrêt de la cour d'appel de Reims

Je n'avais pas noté l'origine du message – c'était le début des courriers électroniques. Longtemps, j'ai cru qu'il était anonyme. Mais, je me souviens que je l'ai tout de suite repéré ! Un signe du destin… Pourtant ce n'était qu'une dépêche AFP, copiée dans un message. Je n'en ai noté ni l'origine, ni l'expéditeur, mais la nouvelle, elle, m'a frappé. Bouleversé presque ! Qui pouvait m'envoyer un arrêt de la cour d'appel de Reims dont rendait compte un journaliste de l'AFP ? La décision ordonnait la désinstallation d'une antenne de radio de Tower-Cast dans un quartier de la Cité des sacres. Elle a été rendue le 8 novembre 2004 et confirmait un jugement de première instance. L'antenne émettait depuis 1996 trois stations, Chérie FM, NRJ et Vortex. Un mois après son installation, soit en novembre 1997, un comité d'usagers, essentiellement des habitants de ce quartier nord de Reims, s'est constitué du fait de troubles constatés qui concernaient environ 700 logements.

À l'époque, je ne fais pas attention à la chronologie du dossier de Reims. Le tribunal de grande instance ordonne d'abord, en septembre 1998, une expertise pour rechercher les causes des perturbations, vérifier la conformité des matériels d'émission, de l'antenne. Il demande aussi à l'expert de chercher les solutions techniques pour faire disparaître les nuisances… L'expert fait son travail et, dix mois plus tard, constate que, quelles que soient les autorisations accordées par le CSA, l'émetteur remet en cause le fonctionnement des radios « *qui marchaient bien avant et qui ne fonctionnent plus…* ». Il mesure le champ produit et signale qu'aucun trouble ne devrait être constaté. Sauf que…

En décembre 2002, quatre ans plus tard, le tribunal de grande instance juge que les perturbations dont se plaignent les habitants constituent des troubles anormaux de voisinage et ordonne le démontage de l'antenne. Mais TowerCast interjette appel de cette décision, la société s'appuyant sur les autorisations officielles accordées par le CSA… Un vrai feuilleton, qui se conclut par une fin heureuse : la cour d'appel confirme ce jugement deux ans plus tard.

ARRET N°
du 08 novembre 2004

R.G : 03/00649

S.A. TOWERCAST

c/

Association REIMS-NORD
CONTRE LES NUISANCES
HERTZIENNES
OFFICE PUBLIC
D'AMENAGEMENT ET DE
CONSTRUCTION DE
REIMS (OPAC DE REIMS)

Des minutes du Secrétariat-Greffe de la Cour d'Appel de REIMS, département de la Marne, il a été extrait ce qui suit:

COUR D'APPEL DE REIMS
CHAMBRE CIVILE-1° SECTION
ARRET DU 08 NOVEMBRE 2004

APPELANTE :
d'un jugement rendu le 10 Décembre 2002 par le Tribunal de Grande Instance de REIMS.

S.A. TOWERCAST, agissant poursuites et diligences par le Président DU Directoire et Membres de son Conseil de Surveillance, domiciliés de droit audit siège.
104 avenue Kennedy
75116 PARIS

COMPARANT, concluant par la SCP THOMA-LE RUNIGO-DELAVEAU-GAUDEAUX avoués à la Cour, et ayant pour conseil la SELAFA MOISAND BOUTIN ET ASSOCIES avocats au barreau de PARIS

INTIMEES :

Association REIMS-NORD CONTRE LES NUISANCES HERTZIENNES
211 rue Paul Vaillant Couturier
51100 REIMS
(bénéficie d'une aide juridictionnelle totale numéro 2003/1724 du 21 Mai 2003 accordée par le bureau d'aide juridictionnelle de REIMS)
COMPARANT, concluant par la SCP GENET - BRAIBANT, avoués à la Cour, et ayant pour conseil Me Serge PUGEAULT, avocat au barreau de REIMS.

L'OFFICE PUBLIC D'AMENAGEMENT ET DE CONSTRUCTION DE REIMS (OPAC DE REIMS), prise en la personne de son Représentant légal, domicilié de droit audit siège.
71 avenue d'Epernay
51100 REIMS

COMPARANT, concluant par la SCP SIX GUILLAUME SIX, avoués à la Cour, et ayant pour conseil Me DELENCLOS, avocat au barreau de REIMS.

À Reims, TowerCast a contesté cette « *théorie des troubles de voisinage* » qui ne peut, d'après son avocat, s'appliquer en matière de radiodiffusion. On retrouve là toute une phraséologie à laquelle les Sans Radio de l'Est parisien devront s'habituer : comme elle le fera plus tard devant la cour d'appel de Paris, cette société de radiodiffusion rappelle que c'est au CSA d'appliquer la loi, en particulier celle du 30 septembre 1986 qui lui accorde le droit d'autoriser l'usage de fréquences sur la bande FM, entre autres. Autre point, TowerCast insiste dans son raisonnement sur le respect des conditions édictées par le CSA pour l'émission des trois stations. Pourquoi serait-elle responsable, puisqu'on lui a donné une autorisation et qu'elle ne fait que l'appliquer ? L'avocat conteste, à titre subsidiaire, « *la réalité du trouble allégué* », qui n'est, d'après lui, ni démontré ni relié explicitement à l'antenne ! Du côté de l'office public HLM en cause, on va plus loin dans la mauvaise foi en prétendant « *qu'il n'est pas démontré que la zone dans laquelle la gêne est ressentie est géographiquement très étendue, ni que le nombre de riverains gênés est très important* » ! Autant d'éléments qui ne retiennent pas tout de suite mon attention. La dépêche AFP n'entre pas dans les détails. Elle m'incite à joindre l'avocat du comité de riverains de Reims. Je pars à la pêche et tombe dans l'annuaire sur ses coordonnées : au téléphone, je lui explique la situation à Bagnolet. La discussion s'engage, vive et précise : elle sera précieuse, parce qu'elle entrouvre la perspective à venir pour les Sans Radio. Ensemble, nous comparons Bagnolet avec Reims. Il m'avoue que, outre ses activités d'avocat, il est professeur de droit et a pris fait et cause en faveur de ces habitants. Il ne me cache pas ses désillusions : « *Il s'agit typiquement d'une lutte du pot de terre contre le pot de fer* », m'accorde-t-il. La lutte qu'il a menée a été longue et tumultueuse, bouleversée par toutes sortes de turpitudes judiciaires, révélant de sordides complicités entre l'administration des ondes, autrement dit, le CSA ou ses acolytes en région, et l'opérateur privé, en l'occurrence TowerCast. Il m'encourage à poursuivre, insiste pour que j'aille jusqu'au bout, même si un démontage de l'antenne lui semble inenvisageable à Bagnolet. Comme lui, je conviens que les enjeux sont d'une toute autre nature : 700 habitants à Reims contre 200 000 autour de la porte parisienne face à des millions d'auditeurs qui profitent de bien d'autres stations sur toute l'Île-de-France, au-delà des Mercuriales, d'où elles sont émises. La discussion est chaleureuse. Essentielle pour moi : il me quitte en me souhaitant bonne chance et bon courage !

Mais une question persiste et me turlupine : qui m'a envoyé cette dépêche ?

Demain, vous avez rendez-vous avec Jean-Paul Baudecroux

La salle est au pied d'une petite barre de HLM dans un quartier populaire de Bagnolet, qui s'étend en face du mien. Dans le quartier des Malassis. Un grand ensemble d'immeubles sans cachet des années soixante. S'y cache une surprise ! Une étape aussi inattendue que cruciale sur le parcours des Sans Radio. Derrière les volets métalliques de ce local collectif prêté par l'office HLM, se tient, ce soir du 30 novembre 2004, une réunion de conseil de quartier. J'en ai sollicité les responsables pour qu'ils me permettent d'intervenir. Une vingtaine de personnes y sont présentes Je ne connais personne. Je suis présenté par une habitante, Yvette, mobilisée et furieuse.

J'arrive avec ma pétition et les rares éléments de documentation dont je dispose. Je ne suis encore qu'au début de mes démarches… J'explique le constat auquel j'ai abouti : les perturbations, l'origine probable de la nuisance avec les antennes des opérateurs TDF et TowerCast, les premiers courriers envoyés au CSA, les échanges avec les élus, la première réponse du CSA à la première adjointe au maire de Bagnolet, qui botte en touche ! Beaucoup de questions fusent. Les services secrets à la porte des Lilas, avec la caserne qui abrite les services de la DGSE, sont à nouveau mis en cause… Mais aussi une grosse antenne au sommet des immeubles voisins de la Noue. À quoi sert-elle, d'ailleurs ? (Quand elle s'écroulera, dix ans plus tard, par miracle sans faire de blessés, j'apprendrai qu'il s'agit d'un dispositif de secours de Skyrock.)

Je suis surpris de l'accueil. De l'intérêt pour mon combat. Avant de me rencontrer, nombreux mettaient en cause leur propre poste. Toute l'assistance peste, se plaint : comment, en 2004, à l'heure où on ne cesse de tarir d'éloge envers les nouvelles technologies, ne peut-on toujours pas recevoir la radio de grand-mère dans l'Est parisien ? Ou si mal.

J'expose mes premières investigations : les deux antennes des Mercuriales, l'une appartenant à TowerCast, l'autre à TDF, la douzaine de stations qu'elles diffusent. Un homme me dévisage. Comme s'il me toisait. Il s'adresse à moi et me lance d'un ton gouailleur : « *Demain, t'auras rendez-vous avec Jean-Paul Baudecroux. Je vais l'appeler. Je le connais. Je vais lui de-*

mander de te recevoir. Demain, je l'appelle et je te tiens au courant. »

Sur le coup, je le regarde incrédule. Comme si, d'ici, aux Malassis, je pourrais obtenir un rendez-vous avec Jean-Paul Baudecroux, l'une des plus grosses fortunes de France et patron de NRJ et de TowerCast. J'échange avec cet interlocuteur et note ses coordonnées. À cet instant, jamais je n'aurais imaginé que Jean-Philippe Carlin, qui venait de m'apostropher façon titi parisien, m'appellerait effectivement le lendemain matin et me donnerait rendez-vous chez… TowerCast. Que grâce à lui, je forcerai la porte d'un des grands groupes de l'industrie française de la radio pour y présenter nos griefs. Je me souviens encore m'être tourné vers mon interlocuteur, l'air franchement narquois. J'avais tort ! C'est ainsi que, pour la première fois, les Sans Radio de l'Est parisien ont rencontré l'un des principaux acteurs du dossier. C'était en décembre 2004. En me faisant pénétrer au siège de NRJ et de TowerCast, avenue Théophile-Gautier dans le 16e arrondissement, à deux pas de la Maison de la radio, Jean-Philippe Carlin a gagné ses galons de vice-président des Sans Radio de l'Est parisien.

2005

Une association loi 1901

Deux ans déjà que je suis sur le dossier. À me remuer de tous côtés. Je me suis adressé par courrier aux instances, CSA et ministère. J'ai multiplié les contacts avec les élus, maires, conseil général, députés : Claude Bartolone m'a aidé à tracer l'étroit sentier par lequel hisser ce combat.

Surprise : la rencontre avec le président de TowerCast, le 16 décembre 2004, est cordiale. Celui-ci convient du trouble dénoncé. Nos interlocuteurs en parlent presque comme d'une évidence. Ils nous apprennent que, depuis peu, un comité technique a été constitué par le CSA, qui s'est bien gardé de nous en parler ! Il réunit TowerCast et TDF, mais aussi IDF Média, un troisième antenniste. Des solutions sont même évoquées.

Quelques semaines plus tard, le 16 janvier 2005, le directeur général de TDF me reçoit cordialement et m'impressionne avec une technologie révolutionnaire : le son de la station moscovite qu'il me fait écouter sur un petit transistor, est en stéréo haute définition. Au cours de l'entretien, il fait allusion à de nouvelles technologies de diffusion radiophonique, par voie hertzienne ou par Internet. Il suggère qu'il faudrait regarder par là…

Début janvier, le ministre de la Culture et de la Communication, à l'époque Renaud Donnedieu de Vabres, répond à Claude Bartolone, qui l'a interpellé : « *J'ai demandé au directeur du développement des médias d'étudier ce dossier avec la plus grande attention.* » Il ne se mouille pas, le ministre ! Après les rencontres des deux radiodiffuseurs, je sens pourtant que nos efforts commencent à porter et considère cette petite phrase comme un signe. (Dans la réalité, elle ne sera d'aucun effet !)

Quant au CSA, du bout des lèvres, il consent à se saisir du dossier : il propose une première audience en avril 2005. Cette réaction de l'institution ne nous paraît pas à la hauteur : comité technique réuni sans nous en informer, audience arrachée… La chape de plomb est palpable. Face à cette réponse, qui paraît lourde, timorée, surgit très vite l'option judiciaire. L'arrêt de la cour d'appel de Reims n'y est pas étranger. Quoi qu'il en soit, le combat commence à prendre une autre allure : il réclame d'autres moyens.

Je ne dois plus être seul à m'y consacrer. Il faut passer à l'étape supérieure, s'organiser, s'équiper, imprimer des publications, dossiers, pétitions. La construction d'une structure s'impose : en janvier 2005, les statuts d'une association sont déposés en préfecture à Bobigny. Corinne Benabdallah, que j'ai rencontrée lors du conseil de quartier aux Malassis, y met la dernière main. Elle s'impose comme cheville ouvrière et devient la première secrétaire de l'association. Le poste de trésorier est à prendre. Une voisine à la retraite de Bagnolet, Denyse Chalghoumi, qui veut contribuer au mouvement, se propose. Avec moi comme président, le bureau est au complet.

Quelques mois plus tard, pas moins de 200 voisins des 20e et 19e arrondissements parisiens, mais aussi de Bagnolet, des Lilas et de Montreuil, ont versé leur cotisation de 5 euros et réclament solidairement l'accès à la bande FM. À l'époque, plus de deux mille signatures à la pétition des Sans Radio sont déjà parties au CSA et à Radio France. En octobre 2004, je me suis rapproché des municipalités des Lilas et de Bagnolet : l'une et l'autre m'ont proposé de mettre en ligne sur leur site Internet – nous sommes aux balbutiements du net – les informations dont je dispose sur le dossier, ainsi que la pétition : dès lors, je reçois automatiquement sur l'adresse courriel de l'association, créée depuis quelques mois, les signatures électroniques. Chaque destinataire est remercié et sa signature transférée, avec un message type, à plusieurs interlocuteurs : le président du CSA, les conseillers de la haute autorité chargés des dossiers radios ou de la qualité de réception, le directeur technique du CSA, les conseillers au cabinet du ministre chargé de l'Audiovisuel, les directeurs généraux de TowerCast et TDF, le directeur technique de Radio France. Pendant quatre ans, de 2005 à 2009, tous recevront par mes soins, souvent quotidiennement, le message qui leur fait part de l'identité d'un nouveau signataire de la pétition des Sans Radio. Mais avec quel écho ?

La presse joue les porte-voix

C'est l'époque où la presse me donne un coup de main en rendant compte du dossier. Comme si mes efforts commençaient à payer. Je ne fais là que renouer avec mon premier métier : j'ai exercé six ans comme attaché de presse dans les cabinets ministériels. Une fois le dossier concocté, les listes de journalistes affinées, je « leur envoie l'info ».

Le 21 mars, quelques jours avant la première rencontre avec le CSA, sortent des articles complets et bien placés. Particulièrement dans *Le Parisien* et surtout dans *Libération* (« *Radio France brouillée avec les habitants de l'Est parisien* »). Jouant la proximité, *Le Parisien* a déjà publié des petits papiers sur le mouvement.

2005 - Les Sans Radio

LIBERATION
LUNDI 21 MARS 2005

20 médias

Sur les tours Mercuriales, à Bagnolet, deux antennes permettent l'émission d'une dizaine de radios privées.

Radio France brouillée avec les habitants de l'est parisien

La prolifération des stations perturbe la diffusion des ondes du service public.

«C'était en octobre 2002. En sortant de chez moi, je passai en voiture au pied des deux grandes tours de Bagnolet, les Mercuriales. J'ai voulu essayer à nouveau d'écouter France Inter sur mon autoradio. Que de la friture! C'est alors que j'ai décidé d'agir.» Michel Léon est un citoyen obstiné doublé d'un journaliste. Il n'admet pas qu'habitant Bagnolet, dans la banlieue est de Paris, il ne puisse pas, depuis maintenant six ans, écouter les radios de son choix sur la bande FM. Des radios de service public, qui plus est. En bon journaliste, il fait un dossier intitulé «Les sans radio de l'est parisien» et commence son enquête sur les raisons de ce brouillage. En parfait citoyen, il crée une association du même nom, fait circuler une pétition et assiège les protagonistes de cet embouteillage des ondes. A Bagnolet, on n'entend pas la radio, mais on sait se faire entendre. Emetteur. Après quelques recherches, il recense les autres secteurs touchés par les parasites (Les Lilas et le XX° arrondissement de Paris). Il veut en comprendre les raisons. Un simple coup d'œil au paysage encadré par la Porte de Bagnolet et la Porte de Montreuil suffit à éclairer les choses. Les tours des Mercuriales supportent l'émetteur de Towercast, qui diffuse Radio Latina, Radio libertaire, Radio FG, Génération Paris Jazz... et celui de Télédiffusion de France (TDF), qui émet Aligre FM, Beur FM, TSF. Un peu plus loin, il y a l'émetteur de IDF Médias (Média Tropical, R Alfa ou Fréquence Paris Plurielle), diffuse Sans oublier les radios African°1, depuis la place des Fêtes (dans le XIX° arrondissement), France Maghreb à Romainville ou Radio Soleil à la Porte de Montreuil. Au total, près d'une vingtaine de radios se dispute le secteur, perturbant la diffusion des stations de Radio France, émises depuis la tour Eiffel.

«Dans notre secteur, près de 40 000 foyers sont touchés.»
Michel Léon, leader des Sans radio de l'est parisien

«On a peut-être trop facilité les autorisations d'émettre», répond le CSA (Conseil supérieur de l'audiovisuel), embarrassé par la question. «Cette prolifération de radios sur un petit périmètre n'est pas unique et on constate le même brouillage aux alentours de la tour Eiffel, mais ce secteur est évidemment moins peuplé que l'est, très populaire, de Paris.
«Dans notre secteur, explique Michel Léon, près de 40 000 foyers sont touchés. Je veux bien qu'il y ait des problèmes plus graves que le fait que je ne puisse pas écouter France Culture, mais il me semble que c'est la moindre des choses aujourd'hui que tous les citoyens aient accès au service public. Sans parler de la redevance...» Michel Léon multiplie les initiatives. Une pétition de 500 signatures, des appels aux élus locaux, un courrier assidu au CSA, mais aussi des visites aux présidents de TDF et de NRJ... Du haut de sa tour Mirabeau, Dominique Baudis, le président du CSA, lui conseille, sans rire, d'«utiliser un récepteur de bonne qualité, une antenne fixe et un filtrage adéquat.» D'autres éminences lui recommandent «d'attendre la radio numérique, qui résoudra tous ces petits inconvénients.» Michel Léon ne lâche pas. Et il y a quinze jours, le CSA réunit enfin les «antennistes» (TDF, Towercast et IDF) pour tenter de régler le problème. Reste à l'instance de régulation à vérifier si chaque station respecte la puissance qu'on lui a accordée. Récemment, un arrêt de la cour d'appel de Reims a donné raison à un comité de riverains qui avait porté plainte, pour le même motif, contre une antenne de NRJ installée dans le nord de la ville. «Cet arrêt fait jurisprudence, dit Michel Léon. Les maires concernés pourraient décider de porter plainte auprès du tribunal administratif contre le CSA s'il ne fait pas son travail de police des ondes. Les riverains, eux, sont prêts à porter plainte contre les antennistes auprès du tribunal de grande instance.» Affaire à suivre, puisque le CSA promet une prochaine réunion pour le mois d'avril.

ANNICK PEIGNÉ-GIULY

La grève continue dans le groupe de «l'Usine nouvelle»

La grève entamée jeudi se poursuit dans le groupe de presse professionnelle Gisi (l'Usine nouvelle, LSA...). Les grévistes protestent contre les soixante-quinze suppressions de postes (un quart des effectifs) décidées par la direction. Une nouvelle rencontre est prévue ce matin entre la direction et les élus du personnel. Gisi a été vendu en 2000 par Vivendi Universal Publishing à trois fonds d'investissement (Apax, Carlyle et Cinven).

«Koursk», prix du grand reportage du Touquet

Koursk, un sous-marin en eaux troubles a reçu le grand prix du Festival international du grand reportage d'actualité et du documentaire de société, samedi soir au Touquet (Pas-de-Calais). Ce film français, réalisé par Jean-Michel Carré en collaboration avec Jill Emery, évoque l'hypothèse d'une implication des Etats-Unis dans le naufrage du sous-marin nucléaire russe Koursk en 2000.

kiosque

Les religions passées en revue

Religions et Histoire est une nouvelle revue bimestrielle qui a pour dessein de décortiquer, sans parti pris, les sources historiques des religions. Disponible en kiosques, hautement scientifique mais accessible à tous les lecteurs, le magazine se propose de mettre l'exégèse religieuse à la portée de tous. Une espèce d'archéologie du savoir religieux. Le projet est plutôt haut de gamme mais l'objectif didactique est largement atteint. De fait, la revue se feuillette comme on regarde un documentaire sur Planète. Sérieuse mais jamais austère, la revue dispose d'une riche iconographie et est éclairée par moult définitions en marge des pages.

D. L.

Religions et Histoire, numéro 1, mars-avril 2005. Prix : 8,50 euros.

L'AFP réclame 17,5 millions de dollars à Google

L'Agence France-Presse a engagé une action en justice aux Etats-Unis contre la société américaine Google. L'AFP réclame des dommages et intérêts d'au moins 17,5 millions de dollars (13,1 millions d'euros) et que soit prononcée l'interdiction pour le site Google Actualités de diffuser sans accord préalable ses titres, débuts de dépêche et photos.

RSF s'inquiète de l'état de santé d'un journaliste cubain

L'organisation Reporters sans frontières (RSF) s'alarme de l'«extrême détérioration de l'état de santé du journaliste cubain José Luis Garcia Paneque, 39 ans, incarcéré depuis deux ans et condamné à vingt-quatre ans de prison. Vingt et un journalistes cubains sont encore emprisonnés depuis la vague de répression de mars 2003.

La plupart du temps dans le cahier Seine-Saint-Denis. Cette fois, l'article « *Les Sans Radio en guerre contre les brouilleurs d'ondes* » occupe une demi-page, parle de 500 signataires de la pétition, donne la parole aux auteurs des nuisances, et Marie-Pierre Bologna conclut par la menace des Sans Radio de mener l'affaire en justice.

À l'époque, la parution d'un article dans *Libération* attire la curiosité de tous les confrères, presse nationale, écrite et audiovisuelle. *Libération* sert alors de référence. Son traitement d'un sujet ne peut être négligé par les confrères ! L'article d'Annick Peigné-Giuly en fait encore une fois la démonstration. Il fait boule de neige. Son auteure, que je ne connais pas et que je n'ai pas contactée directement, n'a pas tort d'écrire : « *À Bagnolet, on n'entend pas la radio, mais on sait se faire entendre.* » En quelques lignes bien ficelées, la situation est parfaitement résumée. J'ignore alors qu'elle habite Bagnolet et qu'elle souffre du brouillage qu'elle décrit. Elle sera écoutée… Suivent alors des articles dans *Le Journal du Dimanche* et dans *20 minutes*, une double page dans *Le Nouvel Observateur*. Le 7 avril, le matin même de la première entrevue avec le directeur général du CSA, *L'Humanité* évoque la menace d'une action en justice, dans le prolongement de l'arrêt de Reims, susceptible de faire jurisprudence.

RFI enquête sur le terrain

En septembre 2005, Alain Lewkowicz consacre un sujet de 20 minutes sur RFI aux Sans Radio. Hilarant ! À réécouter. Il tend le micro à un nouvel habitant qui témoigne : « *La radio m'énerve !* », tandis qu'un vendeur de matériel hifi avoue qu'il passe plus de temps à rembourser les achats qu'à les vendre. « *Les chiffres des fréquences défilent sur l'écran du tuner sans s'arrêter ! On s'interroge s'il faut continuer à vendre des radios !* ». Quant à Claude Bartolone, il se plaint qu'un habitant de l'Est parisien soit considéré comme citoyen négligeable… Il refuse le choix entre radios imposées et radios inaudibles auquel sont contraints les habitants du quartier. Il conteste aussi le duo « bons auditeurs » à l'Ouest et « bas de gamme » à l'Est. « *Si nous avons voulu, en 1981, la multiplication des radios sur la bande FM, c'est pour donner le choix aux auditeurs. Pas pour que cette liberté se fasse aux dépens des radios de service public !* »

Un écrivain insomniaque à la rescousse

Je reçois l'appel d'un inconnu. Il se présente comme un voisin parisien, qui a pris connaissance de ce combat. Lui aussi est furieux des crachouillis infâmes de sa radio : Jean-Louis Fournier m'apprend qu'il habite, au-dessus de la porte de Bagnolet, le charmant quartier joliment dénommé *La campagne à Paris*. Un îlot oublié de petites maisonnettes en briques rouges, traversé de quelques rues à lampadaires. On s'y croit ramené au temps d'Eugène Sue. Sauf que le havre de paix ne reçoit pas non plus la bande FM.

Quand il m'appelle, je ne sais, ni qui est Jean-Louis Fournier, ni surtout le rôle que la radio joue dans sa vie. S'il me téléphone, c'est en Parisien outré de ne pouvoir combler le sombre horizon de ses insomnies avec Radio France ! Il a pris connaissance, peut-être dans la presse, de la naissance du mouvement. Sa colère est telle qu'il a été chercher mes coordonnées dans l'annuaire : « *C'est incroyable ce qui se passe ici, je veux vous aider, je connais du monde, on peut mobiliser le quartier* », promet-il. J'ignore que cet écrivain a réalisé de nombreux reportages et documentaires pour la télévision, et qu'il a été le comparse de Pierre Desproges, dont il a réalisé *La minute de M. Cyclopède*. Ce jour-là, il se présente modestement comme un noctambule, mordu de radio et qui a du mal à s'endormir sans le son d'un transistor. Il est même insomniaque et accompagne de la radio ses nuits éveillées. Comme un remède ! Il la préfère aux somnifères.

Très vite, il me raconte cette scène. Depuis 2002, même la nuit, sa radio grésille. Un son horrible. Mais il a trouvé une parade : s'il touche d'un doigt l'antenne du transistor qu'il a posé sur son lit, ce grand nerveux retrouve un son à peu près audible. Jusqu'à se rendormir… Et de lâcher la fameuse antenne. Aussitôt, le son redevient insupportable et le réveille. Cercle infernal…

Depuis ce premier appel, Jean-Louis Fournier n'a jamais lâché l'affaire et suit avec une rare bienveillance ce dossier. Très vite après notre rencontre, il m'a proposé de l'accompagner à la présidence de Radio France, au cœur de la Maison ronde. Même si nous n'avons rien obtenu de ce rendez-vous, il a permis qu'en haut lieu on sache que nous existions. On le lui doit ! Comme le nom de l'association, dont il est l'inventeur : « *Je sais comment doit s'appeler l'association* », me claironne-t-il au téléphone. « *Les Sans Radio de l'Est parisien.* » Comme elle sonne bien, cette dénomination ! Elle dit tout de son objet. Très vite reprise par les médias, elle nous aidera à nous faire connaître.

Plus tard, il écrira ce bijou de texte :

« *Dans l'Est parisien, pas de Cartier, pas de Fauchon, pas de Petrossian, pas de Vuitton pas de Boucheron... Mais le plus dur, pas de France Culture, et le plus tragique, pas de France Musique.*

- Comme on n'a pas de Chopin, on se console avec la chopine, soupire Monsieur Prolo.

Et des voix avinées s'élèvent dans le bistrot.
- Une vodka, à la santé de Kafka.
- Une Marie-Brizard, à la santé de Mozart.
- Pas de culture, il nous reste que la biture, du picrate au lieu de Socrate.
- C'est normal, dit Monsieur Aristo, vous êtes trop loin de la Maison de la radio.
- Qu'est-ce qu'on peut faire, demande Monsieur Prolo ? On veut pas mourir idiot.
- Déménagez, allez habiter au Trocadéro.
- C'est pas un endroit pour les prolos.
- Faites une lettre au président de la Radio, dit Monsieur Aristo.
- Pour lui demander de nous remettre la musique et la culture ?
- Pour lui demander qu'il fasse mettre un réémetteur très haut. Sur les tours Mercuriales, par exemple.
- Vous pensez qu'il y a encore de la place, là-haut ?

Plus tard encore, quand il écrira « *Trop* » (éditions *J'ai Lu*), il consacrera quelques pages aux fréquences pléthoriques sur les ondes parisiennes. Et à leurs conséquences. Et quand les actions en justice seront lancées, il ne se passera pas de semaines sans qu'il ne s'informe de leurs avancées.

Le CSA et le service public

Il est plutôt optimiste, le citoyen de l'Est parisien, quand il se présente, sa colère rentrée, ce matin du 7 avril 2005, devant les locaux du CSA : après une rencontre en décembre chez le premier opérateur (TowerCast), puis en janvier chez le deuxième (TDF), tous deux gestionnaires d'antennes au sommet des Mercuriales, l'institution nous reçoit enfin ! TowerCast nous a appris l'existence d'un comité technique sur ce dossier. TDF nous l'a confirmé lors d'une rencontre début janvier. Ce comité s'est, semble-t-il, déjà réuni. En catimini. Aucun compte rendu ne sera, d'ailleurs, jamais publié !

C'est dans ce contexte de tension et d'émoi que je débarque dans cette haute autorité de la République. À quoi s'attendre d'autre que de trouver une oreille attentive ? De rencontrer un défenseur du service public et de la citoyenneté sur les ondes ? Ne suis-je pas face au « gendarme » du domaine hertzien français ? L'instance est dite « publique » et indépendante : d'après la loi, son autorité ne dépend que de la Présidence de la République.

Dans le hall de la tour Mirabeau (15e arrondissement de Paris), je me sens des ailes. Comme un usager qui se plaint d'un dysfonctionnement du service public et qui tombe sur le bon interlocuteur.

Juste en face, de l'autre côté de la Seine et comme pour me narguer, trône la Maison ronde !

Pour cette audience attendue – trois ans déjà après les premières pétitions –, je peux compter sur la présence de Nathalie Kaufmann, alors adjointe à la Culture du 20e arrondissement et conseillère régionale, de Corinne Benabdallah, la secrétaire de la nouvelle association, et de Jean Philippe Carlin, vice-président.

Avançant vers nous, le directeur général adjoint de l'institution, Manuel Vazquez, se présente. Gêné, il semble marcher sur des œufs et, déjà dans le couloir, commence à débiter son laïus : il prétend ne parler qu'en son nom propre. Ne pouvoir s'exprimer ni en tant que représentant du CSA, ni comme directeur général adjoint. Il insiste : aucun de ses propos ne doit sortir de la réunion ! Nous rentrons dans son bureau, où prennent place à ses côtés quelques collaborateurs.

Il se met à fustiger l'expression « sans radio », contestant jusqu'au nom de l'association.

Paris ne détient-elle pas le record du plus grand nombre de fréquences et de stations sur la bande FM en France, voire au monde ? Sûr de lui, il confirme la constitution d'un groupe de travail technique autour d'un des neuf conseillers du CSA. « *Une première au CSA* », insiste-t-il. Pour tout de suite prétendre qu'aucune instance ne peut garantir l'égalité d'accès au service public. En l'occurrence, la bonne réception en tous points de Radio France, même dans la capitale…

Quand, tout à coup, le haut fonctionnaire sort son téléphone portable. Après tout, convient-il, lui non plus ne reçoit pas tous les appels téléphoniques dans son bureau. À cet instant, ma colère monte : le voilà à comparer les auditeurs de Radio France aux clients d'un opérateur privé. Quand j'évoque le droit constitutionnel d'égalité d'accès au service public, Manuel Vazquez compare les Sans Radio de l'Est parisien à un simple groupe de pression. S'il fallait satisfaire leur demande, répond-il, un autre groupe de pression, tout autant légitime, serait susceptible de réclamer l'inverse.

Il annonce que la conseillère concernée va prochainement s'en expliquer individuellement avec chacun des maires, conseillers généraux ou député concernés.

Mais notre homme ne s'arrête pas en si bon chemin. Il se met à décrire le secteur de la radiodiffusion comme un petit monde d'artisans. Et va jusqu'à prétendre que TowerCast n'est qu'une modeste entreprise. Une société fragile. Comme si nous ignorions qu'il s'agit du faux-nez de NRJ, groupe côté en bourse. Avec à sa tête l'une des dix plus grosses fortunes de France !

Face à cette mauvaise foi, la colère me fait sortir de mes gonds : j'exhorte avec rudesse mon interlocuteur à un peu plus de sérieux. Décontenancé, Manuel Vazquez se lève ! Il prend ses dossiers dans les bras et apeuré, dégaine son dernier argument : si les Sans Radio se lancent dans un recours en justice, en s'appuyant sur la récente jurisprudence de Reims, à terme aucune radio ne sera plus autorisée à émettre. Mais quand je lui oppose les 40 kW de l'émetteur de TSF, Manuel Vazquez reste coi !

L'entretien va se conclure quand les collaborateurs de la haute instance nous interpellent : l'association accepterait-elle que des adhérents accueillent à domicile les techniciens du CSA, de Radio France et des diffuseurs privés pour des études approfondies et des évaluations du brouillage ? Sur le champ, la délégation des Sans Radio leur fournit plusieurs adresses et lève le camp !

En sortant du bâtiment, nous ressentons surtout la mauvaise foi de notre interlocuteur. Et une évidence : nous sommes des gêneurs venus perturber les énormes intérêts commerciaux d'un marché protégé par… le CSA !

Dès ce premier rendez-vous, l'option judiciaire nous semble inéluctable.

Le barbecue de Denyse

Ça sonne ! Je regarde par la fenêtre. Quatre silhouettes sont serrées devant mon portail. En ce début de mai 2005, leur visite était attendue, mais que de péripéties avant ce coup de sonnette ! Peu de temps après la première audience au CSA, un technicien du CSA m'a appelé. Comme si l'instance prenait notre dossier au sérieux.

S'agit-il de nous convaincre de sa bonne foi ? Le CSA nous annonce qu'il veut réaliser des tests d'écoute au domicile d'une quinzaine d'adhérents de l'association, dont le président. Compte tenu des propos tenus lors de l'audience, nous nous demandons si ce n'est pas pour s'assurer que les adhérents qui se plaignent n'ont pas des radios à galène, ou des postes TSF des années 40… Sans autres détails, mon interlocuteur me propose au téléphone une date de visite technique, où il sera accompagné d'un représentant de chacune des deux sociétés propriétaires d'une antenne sur les tours des Mercuriales.

Cette échéance, nous la prenons du côté de l'association comme un signe d'apaisement ! Même si la confiance n'a pas été au rendez-vous. L'attente pendant trois ans, et surtout le déni du président du CSA, ont laissé des traces. En revanche, en concertation avec son avocat, l'association souhaite avoir recours, lors de la visite des techniciens au domicile de son président, à un huissier de justice afin qu'il dresse un constat. Une fois cette disposition annoncée, le CSA annule tout de suite le rendez-vous, refusant d'intervenir sous la pression d'un huissier ! Puis se ravise et accepte la condition.

Quand retentit la sonnette ce soir-là, l'huissier, que l'association a convié – et dont elle paiera la prestation (près de 400 euros pour la soirée) – est au rendez-vous ! Quant aux quatre messieurs annoncés, ils sont très polis et s'organisent entre eux pour prendre les fameuses mesures. Le représentant du CSA a apporté un gros transistor portable, avec lequel, allumé, ils vont aller de pièce en pièce. Ils s'arrêtent dans le salon au rez-de-chaussée, puis dans une pièce sous les toits au deuxième étage, et concluent leur visite par la cave. Avec Corinne, la secrétaire de l'association qui m'a rejoint, nous déambulons avec eux. L'huissier aussi. Tous debout, ils prennent leur temps, passent scrupuleusement en revue le spectre et remplissent un tableau de leurs commentaires : 0 : inaudible / 1 : insuffisant / 2 : passable / 3 : moyen / 4 : bien / 5 : très bien.

Les voilà unanimes ! Sur la cinquantaine de fréquences examinées, seules les stations émises depuis l'émetteur de Bagnolet sont correctement audibles. Quelle surprise ! Et toutes les autres, la plupart émises depuis la tour Eiffel ? Les Sans Radio le savent bien. Impossible de les capter !

Ce test, ils le feront chez une quinzaine d'entre nous. Dans le quartier, que ce soit sous les toits ou à la cave, la bande FM se confirme inaudible !

Un soir, ils se rendent chez une voisine à Bagnolet : à la retraite, Denyse fait partie des scandalisés. Sans être forcément une mordue de radio. Auditrice de base, elle se refuse à cette inégalité imposée. C'est la première fois qu'elle s'engage. Sans avoir franchement la fibre associative, Denyse accepte spontanément de s'occuper de la trésorerie de l'association. Avec constance, elle assumera sa mission quelques années. Quand ces messieurs lui rendent visite, toujours avec leur radio, les tests ne sont pas bons ! Comme partout. Au vu de la qualité déplorable de la réception, ils en conviennent. Un emplacement fait exception ! « *Ah, enfin ! Ici, c'est un tout petit peu meilleur…* » Oui, mais la voisine est formelle : ces messieurs ont posé la radio dans son barbecue !

"The Best-Effort Delivery !"

Internet… La voilà la solution ! Évidente ! Il suffirait d'allumer son smartphone, immédiatement connecté à Internet, d'ouvrir une « appli » radio et le tour serait joué… Oublié, contourné, le brouillage des tours Mercuriales à la porte de Bagnolet !

Beaucoup d'auditeurs sinistrés autour de la porte de Bagnolet ont cru à cette évidence. À l'avènement du smartphone, à la fin des années 2000, ils sont nombreux, ceux qui se sont jetés sur leur petit écran pour écouter la radio. Beaucoup le font encore. Souvent sans trop discerner les mystères qui leur font retrouver en numérique la radio sur leur téléphone, via Internet. Ils s'en satisfont, puisqu'ils retrouvent les mêmes « stations ».

D'ailleurs, ne nous a-t-on pas souvent glissé à l'oreille que la solution radio à la porte de Bagnolet passait par le Net ? Comme le nouvel horizon de la radio.

En 2021, quelque quinze ans plus tard, certains experts, voire des grosses pointures dans les plus hautes sphères industrielles ou du pouvoir politique en France, prétendent encore que la radio de demain passera par le web, par la Toile ! Même si, depuis dix ans, l'Europe envisage de basculer petit à petit vers le numérique hertzien et la technologie du DAB+ pour remplacer la modulation de fréquence. Pionnière, la Norvège a éteint ses émetteurs sur la bande FM à la fin de l'année 2018.

Ces nuances techniques, encore complexes à admettre en 2021, comment les expliquer ? Écoutons Rémy, le président du rucher des Lilas. En voilà un qui ne rate jamais, chaque premier week-end de septembre, le forum des associations de cette commune et son brouhaha. C'est là qu'en voisin, en 2010 ou 2011, il passe sur le stand des Sans Radio, vient me saluer et parler du brouillage. Parce que Rémy a une passion : le miel et les ruches. Surtout celles des Lilas. Mais tout attentif qu'il soit aux abeilles, l'homme est aussi ingénieur, féru de technologie radiophonique. C'est lui qui balaie d'une expression l'option de la radio par Internet.

Un brin malicieux, il m'assène : « *Vous connaissez le principe de base d'Internet ?* » Je le regarde, interloqué. Il me lance un petit sourire, goguenard ! « C'est *The Best-Effort Delivery.* »[5] L'expression, je l'oublierai ! Un an plus tard, je la retrouverai et en reparlerai à mon apiculteur geek. Pour définitivement me convaincre de sa démonstration. « The Best-Effort Delivery *! Comment traduire ? "Je fais ce que je peux"* ! »

C'est Rémy qui m'a expliqué comment fonctionne le Net, ce réseau mondial où circulent des données par paquets, qui partent d'un point et transitent en ordre dispersé et de façon anarchique sur la toile ; il faut imaginer un train dont les wagons ne prendraient pas le même itinéraire mais devraient se reconstituer juste avant d'arriver en gare.

À condition que l'ordre des wagons soit respecté, que chacun arrive en même temps. La plupart du temps, le flux sur la Toile atteint le miracle. Le train du départ et ses petits wagons de données se reconstituent à l'arrivée, dans l'ordre où il est parti ! Au mieux… Mais si le flux est coupé, l'ordinateur se met en veille. Il hoquète. Si les données transportent de la radio, sur ordinateur ou par téléphone, le son s'interrompt ! La logique des données est rompue : le système est vite dépassé et l'appli s'arrête. Pour contourner cet obstacle technique, les outils numériques sont équipés d'une petite mémoire, dite « tampon ». Une gare de transit où le train peut se reconstituer. Mais cette mémoire n'est pas assez puissante. Les auditeurs qui écoutent la radio par le Net le savent. Régulièrement, …ça coupe ! C'est énervant. Insupportable, même !

Une fois que j'ai compris ce que veut dire Rémy, sa petite phrase ne me quitte plus. Elle revient sans cesse. Comme s'il m'avait asséné une vérité : oui, Internet est une magnifique mécanique, une merveilleuse innovation.

---

[5] Les protocoles IP assurent l'acheminement au mieux (*Best-Effort Delivery*) des paquets. Ils ne se préoccupent pas du contenu des paquets, mais fournissent une méthode pour les mener à destination. […] Les protocoles IP sont considérés comme « non fiables ». Cela ne signifie pas qu'ils n'envoient pas correctement les données sur le réseau, mais qu'ils n'offrent aucune garantie pour les paquets envoyés concernant les points suivants : corruption de données ; ordre d'arrivée des paquets (un paquet A peut être envoyé avant un paquet B, mais le paquet B peut arriver avant le paquet A) ; perte ou destruction de paquets ; duplication des paquets. https://fr.wikipedia.org/wiki/Internet_Protocol

Grâce à laquelle nous pouvons écouter des émissions en podcast (en différé). Mais Internet n'est pas adapté à l'écoute de la radio en direct. Ce n'est pas dans sa nature. Pas dans son fonctionnement. Sa technologie ne s'y prête pas. Pourquoi ont-ils été si nombreux en France à prétendre, tels Jean-Luc Hees, PDG de Radio France de 2009 à 2014, que l'horizon de la radio est sur le Net ?

De belles paroles

À trois reprises, le CSA va recevoir l'association. C'est peu en douze ans de procédures (2002–2014) ! Le 7 avril 2005, c'est le premier rendez-vous au cours duquel éclate un esclandre avec Manuel Vazquez, le directeur général adjoint. Là où les Sans Radio découvrent que le service public n'a pas d'autre défenseur… que les citoyens eux-mêmes, et notre association au premier chef. Que la haute autorité de la République, le CSA, n'est en fait qu'un arbitre entre les intérêts commerciaux des opérateurs.

Puis c'est le 26 mai, toujours avec Nathalie Kaufmann, alors conseillère régionale, auquel se joint André Baraglioli, adjoint au maire de Bagnolet. Le discours du CSA a changé. C'est qu'entre-temps la conseillère du CSA, qui préside aux travaux du groupe de travail, a été reçue, à sa demande, par Claude Bartolone, le 12 avril. Le député lui a fait prendre conscience que nous sommes des citoyens dont la protestation est légitime et qui défendent le service public. Il lui a rappelé que notre demande n'est autre que la juste application d'un droit constitutionnel : l'égalité d'accès au service public de radiodiffusion.

Le CSA annonce qu'il souhaite poursuivre les visites techniques et les tests de réception.

Enfin, le CSA indique oralement, puis confirme par un communiqué mis en ligne le 27 mai, que « *les opérateurs – installés aux Mercuriales – s'engagent à modifier leur installation* ». Il y est précisé que le CSA « *a identifié plusieurs solutions théoriques, qui feront l'objet d'expérimentations au cours de l'été 2005, afin de quantifier les améliorations obtenues et de décider, le cas échéant, de les pérenniser* ». Il propose qu'ait lieu, une nuit à la fin juin ou au début juillet, une opération d'envergure pour tester un nouveau matériel, installé provisoirement sur les émetteurs des Mercuriales et d'apprécier si l'amélioration est sensible, c'est-à-dire si le champ de brouillage sur la zone au pied des Mercuriales est réduit. Après les tests de jour, voilà des tests de nuit…

L'association des Sans Radio de l'Est parisien publie un communiqué : elle se félicite d'abord de l'annonce, mais n'hésite pas à demander des explications sur l'autorisation accordée à la station TSF d'émettre avec une puissance de 40 kW, alors que toutes les autres stations des Mercuriales ont une autorisation de 1 à 3 kW. Et de 10 kW pour les stations nationales émises depuis la tour Eiffel.

Pourquoi donc les Orléanais devraient-ils pouvoir écouter du jazz parisien, alors que 200 000 Parisiens ne peuvent pas écouter France Inter ?

Quand le CSA fait rire jaune !

À la deuxième audience, le 26 mai 2005, le CSA annonce (s'agirait-il de prouver sa bonne foi ?) la diffusion à 10 000 exemplaires d'un dépliant qui tente d'expliquer aux auditeurs et aux vendeurs de radio « *comment mieux recevoir la FM dans l'Est parisien* ». La publication, sous-titrée « *Petit guide à l'usage des auditeurs de programmes radio FM* », fait rire… Elle confirme bel et bien que le brouillage existe… Chacun s'amuse – c'est-à-dire qu'il rit jaune – lorsqu'il est question de « *vérifier le serrage de l'antenne extérieure* ». On notera qu'entre la première audience, le 7 avril, et la seconde, il y a eu deux votes de conseils municipaux : dans le 20ᵉ arrondissement et à Montreuil. Et que, consécutivement à ses multiples interpellations, des représentants du CSA sont venus à la rencontre de Claude Bartolone. Geste rare, des représentants d'une haute autorité se déplacent à l'Assemblée nationale !

Mais quand il est diffusé en septembre 2005, ce dépliant nous rend tout rouge : certes, le CSA avoue enfin – c'est une première ! – qu'un brouillage existe autour de la porte de Bagnolet : il appelle cela « *rencontrer des difficultés pour recevoir l'offre très riche constituée des 57 radios FM diffusées dans l'agglomération parisienne* ». Mais, cette lecture nous le confirme, le CSA ne prend toujours pas au sérieux les citoyens : « *Penser à vérifier le serrage de l'antenne extérieure pour un bon contact, et veiller si possible à le nettoyer régulièrement* », y est-il indiqué. Ou « *placer son poste de radio au bon endroit chez soi […] en cherchant à éloigner les récepteurs des fenêtres, ou en recherchant l'endroit le mieux adapté à la réception, qui sera notamment fonction de l'orientation de l'habitation* ». Le plus abscons des conseils suggère de « *régler son poste de radio en zone urbaine, et proche d'un site d'émission, comme c'est le cas dans les quartiers de l'Est parisien* ». Comprenne qui pourra !

Les Sans Radio n'en décolèrent pas : quand le CSA se met à parler, c'est pour ne rien dire !

Les Sans Radio - 2005

Leaflet 1 (front):

→ **Mieux recevoir la radio en voiture –
Le saviez-vous ?**

- Penser à vérifier **le serrage de l'antenne extérieure** pour un bon contact, et veiller si possible à nettoyer régulièrement ce contact afin que poussière et saleté ne fassent pas obstacle.
- La plupart du temps, les antennes placées à l'avant du véhicule, sur le toit, sont les plus performantes.
- Les installations dans les véhicules sont parfois défectueuses, sans aucun signe extérieur. En cas de doute, en particulier s'il vous semble que votre qualité de réception est moins bonne que dans d'autres véhicules, n'hésitez pas à demander conseil à un installateur d'autoradios.

Liste des fréquences FM de la région parisienne

Freq	Programme radio	Freq	Programme radio
87.8	France Inter	96.9	Voltage FM
88.2	Générations Paris Jazz	97.4	Rire et Chansons
88.6	Méditerranée FM	97.8	Ado FM
88.6	Radio Soleil	98.2	Radio FG
89.0	RFI	98.6	Radio Alfa
89.4	Radio Libertaire	99.0	Radio Latina
89.9	TSF	99.5	AYP FM
90.9	Nostalgie	99.5	France Maghreb
91.3	Chante France	99.9	Sport FM
91.3	Chérie FM	100.3	NRJ
91.7	France Musiques	100.7	Fréquences Protestante
92.1	Le Mouv'	100.7	Radio Notre-Dame
92.6	Media Tropical	101.1	Radio Classique
93.1	Alegre FM	101.5	Radio Nova
93.1	Radio Pays	101.9	Fun Radio
93.5	France Culture	102.3	Oui FM
93.9	Radio Campus Paris	102.7	MFM
93.9	Vivre FM	103.1	RMC Info
94.3	Radio Orient	103.5	Europe 2 Paris
94.8	Judaïques FM	103.9	RFM
94.8	Radio J	104.3	RTL
94.8	Radio Shalom	104.7	Europe 1
94.8	RCJ Radio Communauté	105.1	FIP
95.2	Ici et Maintenant	105.5	France Info
95.2	Radio Neo	105.9	RTL 2
95.2	Radio Courtoisie	106.3	Fréquence Paris Plurielle
96.0	Skyrock	106.7	Beur FM
96.4	BFM	107.1	La City Radio
		107.5	Africa n°1

CSA

Mieux recevoir la FM dans l'est parisien

Petit guide à l'usage des auditeurs de programmes radio FM

Ce document a été rédigé en collaboration avec des opérateurs de radiodiffusion.
www.csa.fr

Septembre 2005

Leaflet 2 (inside):

Pourquoi ce guide ?

Plusieurs élus et auditeurs de Bagnolet, Les Lilas, Romainville, ainsi que des 19e et 20e arrondissements de Paris ont alerté les services du Conseil Supérieur de l'Audiovisuel sur les difficultés qu'ils rencontrent pour recevoir l'offre très riche constituée des 57 radios FM diffusées dans l'agglomération parisienne.

Des actions sont entreprises actuellement par les opérateurs techniques pour **améliorer la réception des programmes dans l'est parisien**.

Vous pouvez agir sur la qualité de réception en appliquant ces quelques conseils.

Trucs et Astuces pour mieux recevoir la radio FM

La réception de programmes radio peut souvent être améliorée par des mesures simples, sans que l'on ait nécessairement besoin de recourir à un récepteur haut de gamme.

→ **Régler son poste de radio en zone urbaine, et proche d'un site d'émission, comme c'est le cas dans les quartiers de l'est parisien**

Sur les récepteurs radio, 4 types d'antennes existent actuellement :

- **Les antennes filaires**
  Contrairement aux idées reçues, il convient parfois de ne pas utiliser l'antenne filaire. Si celle-ci est livrée séparément, il est conseillé de ne pas la brancher. Dans le cas où elle est fixée au récepteur, on évitera de la dérouler en la repliant autant que possible.

- **Les antennes télescopiques**
  Dans ce cas, il convient de ne pas la déployer, voire de la replier le plus possible.

- **Les antennes collectives**
  Lorsqu'une prise d'antenne collective est disponible dans le logement, il est préférable de se raccorder dessus.

- **Les antennes complémentaires**
  Il s'agit d'antennes spécifiques à la réception FM et achetées séparément. Il convient de ne pas s'en servir, ces antennes n'étant

adaptées que lorsqu'on est loin du site d'émission.

Il existe par ailleurs des atténuateurs, à placer au niveau de la prise antenne de la chaîne pour optimiser la réception du signal radio.

→ **Placer son poste de radio au bon endroit chez soi**

Au-delà des conseils ci-dessus, on pourra améliorer la réception des programmes en cherchant à éloigner les récepteurs des fenêtres, ou en recherchant l'endroit le mieux adapté à la réception, qui sera notamment fonction de l'orientation de l'habitation.

Le positionnement du poste de radio au sein de votre logement exerce une influence sur la qualité de réception, qui peut varier sensiblement d'une pièce à l'autre, voire d'un endroit à l'autre de la pièce.

De plus, la proximité du poste avec des **surfaces métalliques** ou des **appareils électroniques** (ordinateur, radiateur, réfrigérateur, téléphone portable...) est souvent déconseillée.

→ **Passer du mode stéréo à mono**

Cette astuce permet dans certains cas d'améliorer le confort d'écoute.

Quand les Sans Radio font de l'humo[ur]

2005 - Les Sans Radio — 57

LES BONNES BLAGUES DU CSA

Comment Mieux recevoir la FM dans l'est parisien ?

EN ALLANT HABITER DANS L'OUEST PARISIEN !

Petit guide à l'usage des auditeurs de programmes radio FM

→ Mieux recevoir la radio en voiture – Le saviez-vous ?

- Penser à vérifier le **serrage de l'antenne extérieure** pour un bon contact, et veiller si possible à nettoyer régulièrement ce contact afin que poussière et saleté ne fassent pas obstacle.

SAVOIR QUE L'ANTENNE NE SE DÉSSERRE QU'ENTRE LES PORTES DE MONTREUIL ET DES LILAS !

- La plupart du temps, les antennes placées à l'avant du véhicule, sur le toit, sont les plus performantes.
- Les installations dans les véhicules sont parfois défectueuses, sans aucun signe extérieur. En cas de doute, en particulier s'il vous semble que votre qualité de réception est moins bonne que dans d'autres véhicules, n'hésitez pas à demander conseil à un installateur d'autoradios.

Liste des fréquences FM de la région parisienne

UN BON CHOIX POUR REMPLACER FRANCE-INTER, FRANCE-CULTURE ET FRANCE-MUSIQUE !

Freq	Programme radio		
87.8	France Inter	96.9	Voltage FM
88.2	Générations Paris Jazz	97.4	Rire et Chansons
88.6	Méditerranée FM	97.8	Ado FM
88.6	Radio Soleil	98.2	Radio FG
89.0	RFI	98.6	Radio Alfa
89.4	Radio Libertaire	99.0	Radio Latina
89.9	TSF	99.5	AYP FM
90.4	Nostalgie	99.5	France Maghreb
90.9	Chante France	99.9	Sport FM
91.3	Chérie FM	100.3	NRJ
91.7	France Musiques	100.7	Fréquence Protestante
92.1	Le Mouv'	100.7	Radio Notre-Dame
92.6	Media Tropical	101.1	Radio Classique
93.1	Aligre FM	101.5	Radio Nova
93.1	Radio Pays	101.9	Fun Radio
93.5	France Culture	102.3	Oui FM
93.9	Radio Campus Paris	102.7	MFM
93.9	Vivre FM	103.1	RMC Info
94.3	Radio Orient	103.5	Europa 2 Paris
94.8	Judaïques FM	103.9	RFM
94.8	Radio J	104.3	RTL
94.8	Radio Shalom	104.7	Europe 1
94.8	RCJ Radio Communauté	105.1	FIP
95.2	Ici et Maintenant	105.5	France Info
95.2	Radio Neo	105.9	RTL 2
95.6	Radio Courtoisie	106.3	Fréquence Paris Plurielle
96.0	Skyrock	106.7	Beur FM
96.4	BFM	107.1	La City Radio
		107.5	Africa n°1

Ce document a été rédigé en collaboration avec les HUMORISTES opérateurs de radiodiffusion RIRE ET MENSONGE
www.csa.fr

Septembre 2005

POUR FAIRE RIRE LES 40.000 FOYERS DE L'EST PARISIEN QUI, DEPUIS 15 ANS, NE PEUVENT PLUS ENTENDRE NORMALEMENT FRANCE-INTER, FRANCE-CULTURE ET FRANCE MUSIQUE !

Pourquoi ce guide ?

Plusieurs élus et auditeurs de Bagnolet, Les Lilas, Romainville, ainsi que des 19e et 20e arrondissements de Paris ont alerté les services du Conseil Supérieur de l'Audiovisuel sur les difficultés qu'ils rencontrent pour recevoir l'offre très riche constituée des 57 radios FM diffusées dans l'agglomération parisienne.

Des actions sont entreprises actuellement par les opérateurs techniques pour améliorer la **réception** des programmes dans l'est parisien.

Vous pouvez agir sur la qualité de réception en appliquant ces quelques conseils.

RASER LES TOURS MERCURIALES

Trucs et Astuces pour mieux recevoir la radio FM

ASTUCE : n. f. ADRESSE À TROMPER SON PROCHAIN, EN VUE DE LUI NUIRE OU D'EN TIRER QUELQUES AVANTAGES... LE NOUVEAU PETIT ROBERT

La réception de programmes radio peut souvent être améliorée par des **mesures simples**, sans que l'on ait nécessairement besoin de recourir à un récepteur haut de gamme.

→ **Régler son poste de radio en zone urbaine, et proche d'un site d'émission**, comme c'est le cas dans les quartiers de l'est parisien

Sur les récepteurs radio, 4 types d'antennes existent actuellement :

- **Les antennes filaires**
  Contrairement aux idées reçues, il convient parfois de ne pas utiliser l'antenne filaire. Si celle-ci est livrée séparément, il est conseillé de ne pas la brancher. Dans le cas où elle est fixée au récepteur, on évitera de la dérouler en la repliant autant que possible.

- **Les antennes télescopiques**
  Dans ce cas, il convient de ne pas la déployer, voire de la replier le plus possible.

- **Les antennes collectives**
  Lorsqu'une prise d'antenne collective est disponible dans le logement, il est préférable de se raccorder dessus.

- **Les antennes complémentaires**
  Il s'agit d'antennes spécifiques à la réception FM et achetées séparément. Il convient de ne pas s'en servir, ces antennes n'étant adaptées que lorsqu'on est loin du site d'émission.

Il existe par ailleurs des **atténuateurs**, à placer au niveau de la prise antenne de la chaîne pour optimiser la réception du signal radio.

→ **Placer son poste de radio au bon endroit chez soi**
NE PAS OUBLIER D'ALLUMER LE POSTE DE RADIO

Au-delà des conseils ci-dessus, on pourra améliorer la réception des programmes en cherchant à éloigner les récepteurs des fenêtres, ou en recherchant l'endroit le mieux adapté à la réception, qui sera notamment fonction de l'orientation de l'habitation.

Le positionnement du poste de radio au sein de votre logement exerce une influence sur la qualité de réception, qui peut varier sensiblement d'une pièce à une autre, voire d'un endroit à un autre de la pièce.

De plus, la **proximité du poste avec des surfaces métalliques ou des appareils électroniques** (ordinateur, radiateur, réfrigérateur, téléphone portable...) est souvent déconseillée.

→ **Passer du mode stéréo à mono**
ET RETIRER SES BOULES QUIÈS

Cette astuce permet dans certains cas d'améliorer le confort d'écoute.

TSF : le CSA n'en fait qu'à sa tête !

Le 22 septembre 2005, une troisième rencontre a lieu avec le CSA, en présence, entre autres, de Martine Legrand, conseillère régionale. La délégation des Sans Radio, avec les élus qui l'accompagnent, apprend, stupéfaite, l'expérience que propose la haute autorité : le transfert de la radio TSF 89.9 de l'antenne TDF des Mercuriales vers celle du Fort de Romainville aux Lilas.

TSF, devenue TSF-93, aujourd'hui TSF Jazz et propriété de Gérard Bremond depuis 2007, a une drôle d'histoire sur laquelle il faut revenir : dès son lancement par des élus du Parti communiste français et par des syndicalistes, la fréquence de 89.9 MHz lui est accordée par François Mitterrand et Georges Fillioud, son ministre de la Communication, qui lui allouent une puissance inouïe : 45 kW. Soit quatre fois plus que l'émetteur de France Inter en haut de la Tour Eiffel. Plus tard, c'est du côté du conseil général de la Seine-Saint-Denis, le département rouge, qu'il faut trouver les animateurs de TSF, « Votre Radio », puis « La proximité citoyenne en Île-de-France », alors domiciliée à Bobigny et qui émet depuis Romainville, mais aussi de Nanterre ! Toujours avec cette même puissance dantesque ! On la voit ensuite se développer et s'étendre à huit fréquences sur toute la France. Mais voilà ! N'est pas gérant de radio qui veut ! En 1999, le conseil général du neuf-trois, ne sachant comment financer ladite fréquence, abandonne celle qui porte mal son slogan (« *On est fait pour s'entendre* ») à Jean-François Bizot. Dès son rachat, le propriétaire du magazine *Actuel* et de Radio Nova lui donne sa couleur musicale 100 % jazz, avec le concours de Franck Ténot, connu pour *Salut les copains*, *Pour ceux qui aiment le jazz*, *Jazz Magazine* et *Paris Match*). Et toujours – quelle aubaine – la même puissance développée depuis les Mercuriales par TDF.

On se souvient de cette adhérente de l'association et de son drôle de sort : quand elle est chez elle, sur la zone de la porte de Bagnolet, si elle se plaint de ne pas capter le groupe Radio France, elle retrouve par contre TSF Jazz sur de multiples fréquences… Et quand, l'été, elle part dans sa cabane, une villégiature perdue au sud d'Orléans, en pleine Sologne, que reçoit-elle sur son transistor… TSF Jazz ! Il faut dire qu'avec ses 45 kW, le jazz peut faire des émules bien plus loin que la capitale

Quoi qu'il en soit, il semblerait que les Sans Radio ont mis le doigt là où ça fait mal : n'ont-ils pas souligné l'incroyable puissance avec laquelle émet TSF 89.9… 45 kW ! De quoi s'interroger : s'agit-il d'une cause de brouillage suffisante ? *A minima*, cette fréquence contribue largement au fort champ électrique autour des Mercuriales.

De son côté, la municipalité des Lilas est déjà agacée par toutes les sources de pollution (bruit, atmosphère…) que subit sa population. Daniel Guiraud, son maire, fait donc part de son opposition de principe à l'opération. Le 23 novembre 2005, il reçoit l'association, qu'il soutient, écoute ses arguments, pour accepter finalement le test. À condition que TSF 89.9 réintègre les Mercuriales en cas de gêne des Lilasiens.

À cette occasion, le CSA se signale une fois de plus par sa désinvolture ! Le 24 novembre, le maire apprend de la bouche du directeur adjoint du CSA, M. Vazquez, que les tests ont déjà été faits. L'accord des Lilas ? Le CSA ne l'a jamais sollicité et, du fait de l'absence d'amélioration, décide d'un retour à la case départ.

Devant une telle légèreté, les Sans Radio décident d'ajourner la quatrième audience, prévue le 9 décembre 2005. Ce jour-là, ils envoient un courrier solennel au CSA pour réclamer communication de toutes les pièces officielles, rapports, échanges de courrier, dont le cahier des charges de la dernière expérimentation, en application de la loi sur l'information administrative (loi du 17 juillet 1978).

À cette date, on peut retenir que, malgré plusieurs tentatives des opérateurs, aucune amélioration globale et satisfaisante de la réception des émissions des stations sur la bande FM, en particulier des radios de service public, n'a pu être apportée.

Claude Bartolone parle alors de réunir les Sans Radio, les élus du conseil régional, des municipalités, le CSA et les trois antennistes (TowerCast, TDF et IDF Media), sous la présidence du préfet de la région Île-de-France (ou, à défaut, celui de la Seine-Saint-Denis). Histoire de trouver un éventuel terrain d'entente, avant que les Sans Radio ne se lancent dans l'assignation en justice des diffuseurs. Le préfet ne donnera pas suite…

Le Net, fabuleux recours ?

Si Internet n'est pas la bonne solution pour écouter la radio, il aura en revanche été le meilleur outil de l'association. Remarquablement efficace, performant et (presque) gratuit.

Qu'aurait été le mouvement des Sans Radio sans Internet ? Au fur et à mesure de la progression du réseau Internet, de son appropriation par les internautes, le mouvement citoyen s'en empare : avec les mises en ligne en octobre 2004 sur le site de la ville de Bagnolet, puis sur celui de la Ville des Lilas, suivies du recueil des signatures de la pétition ; viennent ensuite l'envoi aux différents destinataires, la consultation des pièces du dossier, communiqués, documents d'information, chronologie, courriers et échanges avec les élus, les pouvoirs publics, le CSA, les concessionnaires d'antenne ; très vite, un questions-réponses est mis en ligne, actualisé au fil du recueil d'informations. En 2009, l'association s'émancipera des sites municipaux avec un blog, toujours accessible plus de dix ans plus tard : www.sansradio.org.

Un trouble de voisinage

Quelle procédure ? Si, dès la première audience au CSA, en avril 2005, l'association se fait à l'idée d'un recours en justice, elle tâtonne pour engager la bonne procédure. La confiance dans la haute autorité est largement ébranlée et la plupart des réponses du CSA se soldent par un sempiternel : « *Achetez-vous une radio de qualité !* » (lire p. 55 *Le CSA fait rire jaune*).

Par chance, elle sait pouvoir compter sur un avocat bienveillant, rencontré par hasard. Un voisin qui signe la pétition et se dit prêt à lui apporter son appui. Un professionnel généreux de son savoir, attaché aux valeurs que l'association défend et qui lui propose, dès l'assemblée générale de juin 2005, un plan en deux temps.

D'une part, faire assigner par l'association, devant le tribunal de grande instance, les deux ou trois diffuseurs pour « trouble de voisinage ». Une voie qu'il sait facilement accessible, qui fait appel à un droit du quotidien et que l'association peut engager sans grosse dépense (de 40 à 50 euros par assignation). En suivant cette voie-là, il s'attend, avec un peu de chance, à la nomination d'un expert, auquel le tribunal demandera « *d'établir le dommage* ». Cette intervention de l'expert, l'avocat l'a déjà annoncé, sera à la charge de l'association, qui peut la couvrir (soit une dépense de 1 200 à 1 500 euros).

D'autre part, dans un deuxième temps, appeler les municipalités à se tourner vers le tribunal administratif pour engager une action contre le CSA. Après tout, la haute autorité a accordé les autorisations d'émettre. En cela, elle contrevient au droit d'égalité d'accès au service public : des citoyens n'ont pas accès à Radio France, service public de radiodiffusion.

L'avocat a prévenu : il reconnaît que les chances d'aboutir par cette deuxième voie, pourtant légitime et qui attaque le fond du dossier, sont étroites. Si cette action est plus politique, la sanction infligée ne peut être que symbolique. Comment punir concrètement une haute autorité ? Comment réprimander l'État ?

À l'époque, l'association dispose des cotisations de 136 adhérents. Et de dons à hauteur de 425 euros. Si elle n'a encore reçu aucune subvention, il lui a fallu déjà régler les honoraires de l'huissier ! Il lui reste 350 euros…

Prudent et consciencieux, l'avocat fait adopter une délibération par cette assemblée générale de mai 2005, qui mandate son président pour engager toute action nécessaire et « d'ester » en justice.

2006

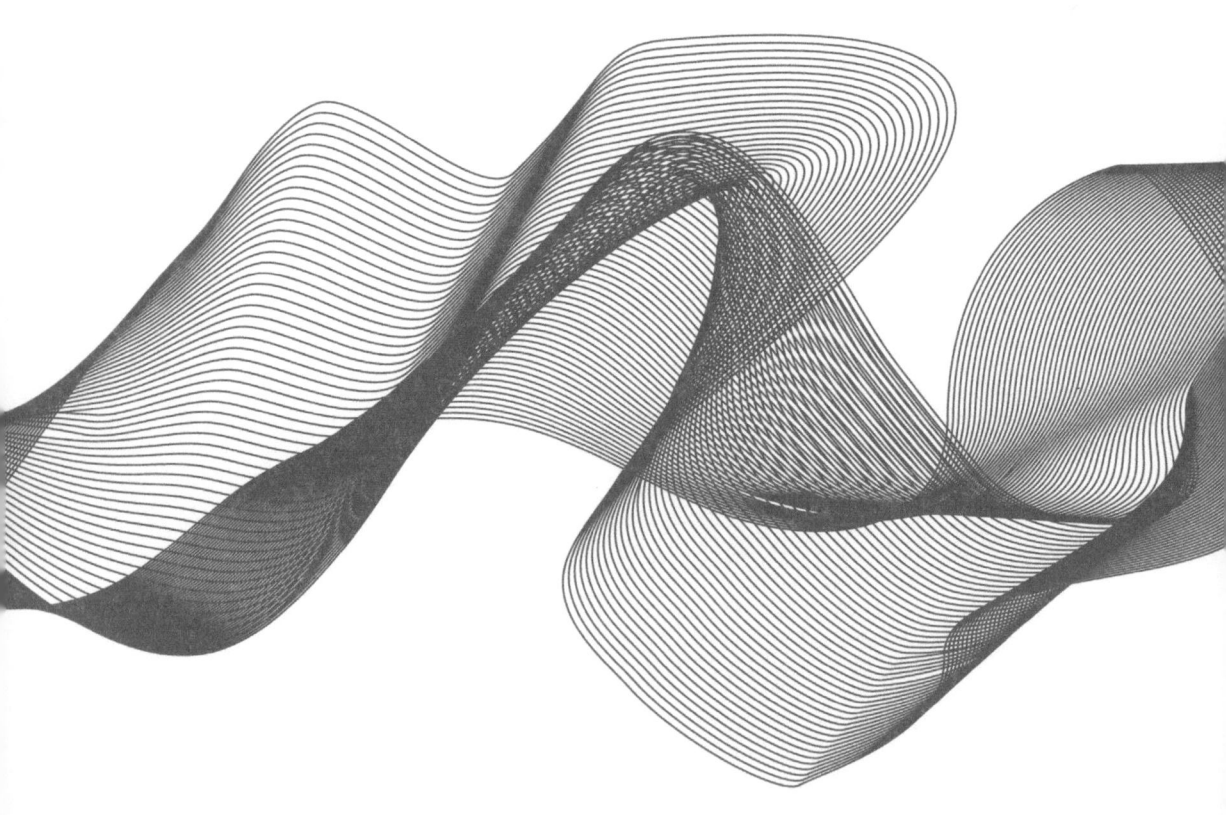

Une rencontre chahutée

L'association a longtemps été convaincue que le CSA était son interlocuteur privilégié : solliciter la haute autorité, c'était la certitude d'obtenir, si ce n'est gain de cause, *a minima* une écoute attentive et surtout bienveillante. Attachés qu'ils ont toujours été à la citoyenneté, les administrateurs des Sans Radio se sont tournés de bonne foi vers cette instance. Leur semblait acquis son attachement à l'égalité d'accès au service public, et au service public tout court (ici de radiodiffusion).

Ils ont vite déchanté : non seulement l'association n'a jamais recueilli de la part du CSA une seule marque d'intérêt, mais ses demandes d'explication et d'intervention sont restées lettre morte. Quand elle a été reçue, pourtant avec le soutien d'élus de la République, elle aura toujours eu l'impression d'être la gêneuse, comme la boule dans un jeu de quilles. L'incongrue !

Les Sans Radio se sont rendus à l'évidence : la haute autorité n'est pas le représentant du public ou des publics, encore moins l'instance indépendante des intérêts privés, des industriels, des grands groupes. Encore moins le partenaire des auditeurs-citoyens. Mais plutôt une instance d'arbitrage entre les appétits de forces industrielles et commerciales qui s'épanouissent sur le gigantesque marché de la radiodiffusion. Dans ce grand souk de la radio, les auditeurs ne sont que des pions. Que le CSA ne voit pas. Pire, ne veut pas voir. L'histoire des Sans Radio, mouvement citoyen qui tire toute sa légitimité d'un préjudice évident, et s'appuie tout au long de son action sur le soutien des instances démocratiques, le prouve. Depuis, il semble que rien n'ait changé.

Les audiences que le CSA a accordées en 2005 aux Sans Radio n'ont fait que confirmer cette impression. Aussi, le projet d'une « rencontre » avec Dominique Baudis, que suggère Jean-Philippe Carlin, déjà, on s'en souvient, à l'origine de la rencontre avec TowerCast, fait tout de suite l'unanimité chez les membres du conseil d'administration. L'occasion se présente : l'inauguration du salon professionnel « Le Radio ».

Le lundi 13 février 2006 au matin, une délégation d'une quinzaine d'adhérents, dont la plupart des administrateurs, accompagnée de plusieurs élus locaux, ceints de leur écharpe tricolore, se rendent à la porte de Versailles. Tous se sont inscrits et disposent d'un badge. Plusieurs journalistes les accompagnent et rendront compte, le lendemain, de l'échange.

Le président du CSA arpente solennellement les travées du salon, saluant les uns de la main, accordant un mot aux autres. Il est suivi d'une petite cohorte d'officiels. La délégation des Sans Radio se glisse dans le cortège et commence à distribuer son tract (*lire plus loin*). Certains de mes amis me pressent. Je me rapproche et l'interpelle – je m'en souviens – en lui tendant ostensiblement ma main : « *Bonjour, monsieur le président, je suis Michel Léon, président de l'association des Sans Radio de l'Est parisien.* » Nous nous serrons la main, mais lui me regarde avec stupeur. Qui est ce bonhomme qui se permet de me parler sur ce ton ? Que me veut-il ? doit-il penser. Je continue : « *Depuis trois ans, je vous envoie des centaines de signatures à notre pétition. Ces riverains de l'Est parisien subissent, comme 40 000 foyers, des nuisances qui les empêchent de recevoir la bande FM, particulièrement les stations de Radio France. Pourquoi n'avez-vous pas répondu à mon récent courrier, monsieur le président, où je vous signalais que quatre municipalités et le conseil régional d'Île-de-France ont voté des vœux à l'unanimité pour nous soutenir ?* » Interloqué, il a ce mouvement perdu de l'œil et se retourne derrière lui… vers sa cohorte. Il cherche un de ses sbires du regard et trouve un sous-fifre : « *On n'a pas répondu à monsieur Léon ?* », lance-t-il, puis en se retournant vers moi : « *Je vous promets qu'on va vous répondre, monsieur Léon.* »

À la sortie de ce salon, dans un algéco installé par les organisateurs, des journalistes nous interviewent, Corinne et moi, pour évoquer notre combat.

Le président du CSA s'exécutera le 16 mars. En recommandé avec accusé de réception. Dans un long courrier (tous les documents sont disponibles sur le blog de l'association), Dominique Baudis maintient le point de vue du CSA. Or, ce point de vue est non seulement inacceptable, mais aussi considéré comme provocateur par les riverains et les élus des collectivités locales concernées : « *La réception [peut] souvent être améliorée par des mesures simples telles que replier l'antenne du récepteur ou raccourcir une antenne filaire. En outre, l'utilisation d'un récepteur de moyenne gamme permet le plus souvent une réception correcte de tous les programmes.* » De quoi alimenter notre colère !

Le tract distribué sur le salon « Le Radio » le 13 février 2006

Les Sans Radio de l'Est parisien
15, av de la Dhuys
93170 Bagnolet
<sans.radio@laposte.net>

Paris, le 13 février 2006

Pas de bande FM
pour 40 000 foyers de l'Est parisien.

Saviez-vous que, en 2006, quarante mille foyers de l'Est parisien n'ont toujours pas la radio ? Comme les automobilistes qui passent vers la porte de Bagnolet. Vous n'y croyez pas ?

À l'heure de l'ADSL, de la TNT et de la DRM, du Podcasting, dans la moitié du XXème arrondissement, dans les communes des Lilas, de Bagnolet, de Montreuil, de Romainville, la bande FM est quasi inaudible (en particulier, pour les stations de Radio France).

Nous apprécions beaucoup la qualité et la diversité de la bande FM, le soin des stations, publiques en particulier, à informer, à divertir et à faire réfléchir sans (trop de) pub ! Mais là-bas c'est peine perdue : les auditeurs ne les entendent pas !

Pour sensibiliser à cette injustice et réclamer l'égalité d'accès au service public, la pétition de l'association « Les Sans Radio de l'Est parisien » (200 membres) a déjà recueilli 2 000 signatures. Quatre municipalités et le conseil régional d'Ile-de-France s'y sont associés et soutiennent les auditeurs lésés à travers des vœux votés à l'unanimité. Le CSA, lui, tourne autour du sujet sans aboutir !

Aidez-nous à écouter la radio : diffusez ce message autour de vous.

Les Sans Radio de l'Est parisien

Sur le site de la ville de Bagnolet (http://www.ville-bagnolet.fr) vous trouverez la pétition ainsi que l'ensemble des documents et des démarches entreprises par l'association.

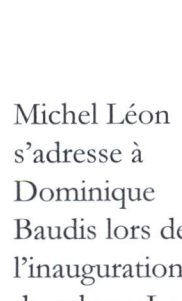

Michel Léon s'adresse à Dominique Baudis lors de l'inauguration du salon « Le Radio », le 13 février 2006 à la porte de Versailles.

Auditeurs perdus cherchent Radio France

Des idées, il fallait encore en trouver pour faire bouger ce dossier. Élargir le cercle de nos soutiens. Faire connaître le mouvement. Lui donner plus d'audience !

À la date du bouclage de la rédaction de ce texte – 2021 – nombreux sont les auditeurs encore et toujours surpris de la situation de la bande FM sur la zone. Comme animateur du blog des Sans Radio, je reçois parfois des messages d'habitants désespérés, souvent des gens qui viennent de déménager, et qui découvrent en s'installant l'anachronisme du paysage radiophonique local ! Concrètement, qui ne peuvent pas écouter la radio, en tout cas pas les stations de Radio France, sur le petit poste qu'ils utilisaient avant, dans un autre quartier.

C'est comme cela qu'une idée m'est passée par la tête !

En auditeur assidu des stations de Radio France, j'ai imaginé gagner à notre cause les journalistes et les producteurs maison.

Il fallait les informer de cette situation ubuesque, attirer leur attention vers la porte de Bagnolet. Nous venions, grâce à l'entremise de Jean-Louis Fournier, de rencontrer à la présidence de Radio France, Patrice Cavelier, le secrétaire général du groupe, et Sylvain Anichini, son directeur technique. Une audience pour rien.

Le texte n'était pas difficile à rédiger. Je me suis inspiré largement des tracts, courriers, comptes rendus qui étaient à ma disposition.

Mais où trouver les adresses ? J'ai trouvé une liste de noms avec les prénoms. Était-ce sur le site de Radio France ? Ou via le médiateur de la maison ? J'ai vite compris comment il fallait composer les adresses électroniques des collaborateurs de Radio France. Et après quelques heures à compacter l'ensemble, j'avais une liste de cinq cents noms environ !

Tous ont reçu, fin février 2006, le message « *Pour que nous puissions à nouveau vous entendre, aidez-nous à nous faire entendre* » (ci-contre). Et combien de réponses ai-je reçu ? Deux ! Dont celle d'Augustin Trapenard.

Les Sans Radio de l'Est parisien
15, av de la Dhuys
93170 Bagnolet
< sans.radio@laposte.net >

Février 2006

A Mesdames et Messieurs
Producteurs et animateurs de Radio France
116, av du Président Kennedy
75220 PARIS Cedex 16

Pour que nous puissions à nouveau vous entendre, aidez-nous à nous faire entendre.

Des Auditeurs perdus !

Saviez-vous que 40.000 foyers de l'Est parisien, ainsi que les automobilistes sur le contour Est de Paris, ne peuvent pas recevoir correctement les stations de service public (Radio France), inaudibles dans la moitié du XXème arrondissement, dans les communes limitrophes des Lilas, de Bagnolet, de Montreuil, de Romainville.

Nous apprécions beaucoup la qualité de vos émissions, le soin que vous apportez à nous informer, nous divertir et nous faire réfléchir. Vous travaillez pour le bien des auditeurs, mais, ici malheureusement, nous ne pouvons pas en profiter.

Pour remédier à cette injustice, nous avons créé une association « Les Sans Radio de l'Est parisien » qui compte 200 membres. Sa pétition a déjà recueilli 2 000 signatures.

Comptant sur votre intervention pour faire passer ce message autour de vous et nous aider ainsi à mieux vous écouter, nous vous faisons part de notre respectueuse considération,

Les Sans Radio de l'Est parisien

Les Sans Radio se lancent

Les Sans Radio ont donc longtemps hésité. Certains les y poussaient. Mais dès l'origine, le mouvement se qualifiait de « citoyen ». Confiant dans les institutions de la République, obstiné certes, mais prudent : s'embarquer en justice n'était pas sans risques…

La donne a changé : d'abord avec ce rendez-vous raté, en février, au salon « Le Radio » avec Dominique Baudis ; ensuite, avec la publication de la décision du CSA, en avril 2006. Après avoir nié pendant des années la gêne, puis dénigré le mouvement, et tergiversé en 2005, devant les légitimes protestations des Sans Radios, soutenus par de nombreux élus, la haute autorité évoque enfin, face à la campagne de presse et devant l'évidence, le transfert d'émetteurs. Mais le CSA n'écrit pas aux Sans Radio. Il préfère s'adresser au maire de Paris, en écrivant à Bertrand Delanoë que « *la meilleure solution aux difficultés de réception rencontrées dans l'Est parisien serait de diffuser le plus grand nombre possible de radios depuis la tour Eiffel. Cela réduirait en effet considérablement les interférences résultant de la proximité de deux sites de diffusion importants.* »

Ce point de vue est confirmé par la parution d'un rapport du CSA, rédigé à la demande du conseil de la concurrence, à la suite de la plainte engagée par TowerCast/NRJ après la passation du marché attribuant l'exploitation du sommet de la tour Eiffel au concessionnaire historique, TDF. Il faut citer ce texte, qui reprend certains des termes du courrier envoyé à Bertrand Delanoë et dont les Sans Radio prennent connaissance vraisemblablement sur le site du Conseil. L'occasion d'évoquer le travail de fourmi des administrateurs de l'association, de veille et d'enquête pour obtenir des informations. Ce rapport dresse un tableau, qui résume parfaitement la situation du paysage radiophonique parisien en 2006 : « *Le Conseil rappelle en effet qu'en matière de services de radiodiffusion FM, l'agglomération parisienne dispose de l'un des paysages radiophoniques les plus riches et diversifiés d'Europe, avec 57 services publics ou privés diffusés sur 48 fréquences. Cette situation a pour corollaire une pleine occupation de la bande FM. […] La solution la plus efficace consisterait à faire diffuser le plus grand nombre possible de radios depuis la tour Eiffel. Toutefois, ce regroupement supposerait une concurrence effective et, pour ce faire, l'ouverture des infrastructures de diffusion radio du site à plusieurs prestataires techniques. Sur la base de ces contributions, le CSA a estimé souhaitable que le plus grand nombre possible de radios puissent être diffusées depuis la tour Eiffel et qu'à cet effet, l'ouverture à plusieurs prestataires techniques des infrastructures de diffusion radiophonique en mode FM du site soit garantie, comme c'est déjà le cas pour les équipements de diffusion télévisuelle en mode numérique.* » C'est la raison pour laquelle il s'adresse au maire de Paris : la tour est la propriété de la ville. C'est à son principal élu qu'il revient de gérer les concessions techniques du monument ! (Cf. les fréquences diffusées depuis la tour Eiffel en 2020.)

Découvrant cette nouvelle proposition du président du CSA, les Sans Radio lui répondent le 13 juin 2006 sur deux points : d'une part, qu'ils « *n'ignorent pas que le respect des principes constitutionnels concernant les services publics s'impose à la haute autorité que vous présidez au premier chef, comme à toutes les autres autorités indépendantes. Ils ne se résolvent pas à se voir refuser depuis des années le bénéfice de ces principes au profit d'un droit à la communication, d'entreprises privées, financées par la publicité et qui, n'étant pas des personnes physiques ne peuvent se prévaloir de la qualité de citoyen* ». Et, d'autre part, qu'ils « *n'ignorent pas que votre haute autorité a tout pouvoir de remettre en question à tout instant les autorisations en cause, qu'elle avait précédemment accordées. Et de mettre en place les solutions techniques afin d'assurer dès à présent une bonne réception des signaux. Aujourd'hui, les citoyens de l'Est parisien refusent d'attendre plus longtemps et réclament la mise en place de mesures d'urgence afin d'obtenir enfin une amélioration de la qualité de réception.* »

Le président du CSA ne comprend pas la résolution des Sans Radio. Il ne leur répond que fin juillet (courrier de Dominique Baudis du 24 juillet – voir plus loin). De sorte que, le 6 juillet 2006, les Sans Radio lui annoncent : « *Rien n'indiquant que l'écoute des radios du service public sera redevenue possible à la rentrée de septembre 2006 dans l'Est parisien, le conseil d'administration de l'association a décidé de saisir la justice.* »

Liste des radios émises depuis la Tour Eiffel

Programme	Fréquence (MHz)	PER (kW)
France Inter	87.8	10
RFI	89.0	10
TSF Jazz	89.9	10
Nostalgie	90.4	10
Chante France	90.9	4
Chérie FM	91.3	10
France Musique	91.7	10
Mouv'	92.1	10
France Culture	93.5	10
Radio Orient	94.3	4
Skyrock	96.0	10
BFM Business	96.4	4
Voltage	96.9	4
Rire et chansons	97.4	10
Sud Radio +	99.9	4
NRJ	100.3	10
Radio Notre Dame / Fréquence protestante	100.7	10
Radio Classique	101.1	10
Radio Nova	101.5	10
Fun Radio	101.9	10
OÜI FM	102.3	4
M Radio	102.7	10
RMC	103.1	10
Virgin Radio	103.5	10
RFM	103.9	10
RTL	104.3	10
Europe 1	104.7	10
FIP	105.1	10
France Info	105.5	10
RTL2	105.9	10
France Bleu 107.1	107.1	10

2006 - Les Sans Radio

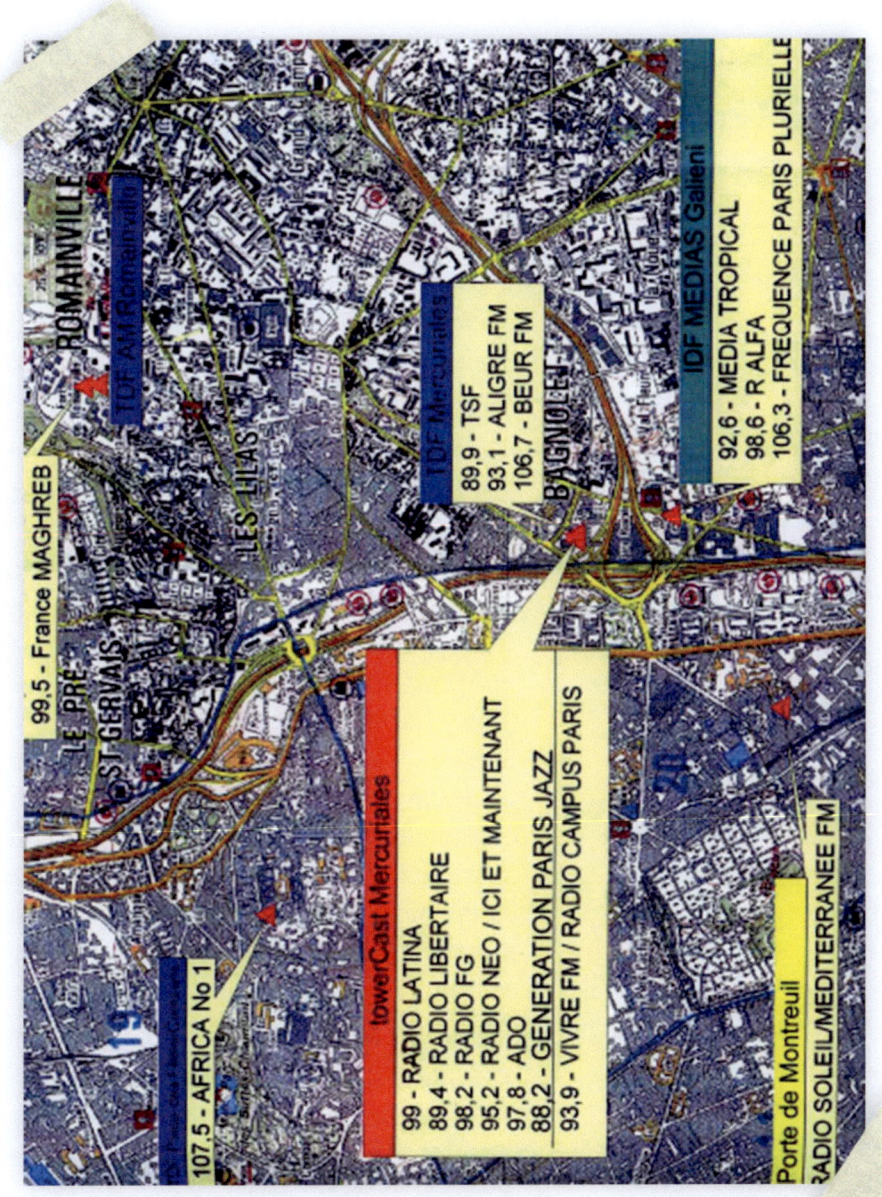

2006, une année charnière

Depuis le début de l'année 2006, rencontres et initiatives n'ont pas manqué. De quoi fournir aux administrateurs des outils pour prendre leur décision : il y eut une première audience en janvier, obtenue par le député Bartolone avec le sous-préfet de Seine-Saint-Denis, M. Jacob, lequel écarte tout projet de table ronde avec le CSA et les opérateurs ; puis ce fut la question orale à l'Assemblée nationale et au Sénat, et en avril, le vote d'un vœu par le Conseil de Paris, suivi de plusieurs audiences à la mairie centrale et à la mairie du 20e arrondissement, et enfin au conseil régional d'Ile-de-France. Autant d'occasions qui commencent à attirer les journalistes à la porte de Bagnolet.

En mai, les Sans Radio ont aussi rencontré la direction de TowerCast/NRJ, l'un des concessionnaires d'antenne des Mercuriales. Après cette rencontre, le concessionnaire propose au CSA de chercher des solutions... Mais le CSA ne communique toujours pas avec le mouvement. C'est TowerCast qui rend compte de la réunion. En l'absence de ce contact officiel, les Sans Radio rejettent toute proposition.

En septembre 2006, le CSA annoncera par un simple communiqué que France Inter émet à titre expérimental sur une fréquence supplémentaire (87.6 MHz). On apprendra plus tard que cette antenne est uniquement orientée sur Bagnolet. Ce sera néanmoins la première mesure obtenue par les Sans Radio. Première victoire ! Et loin d'être expérimental, l'émetteur fonctionne toujours en 2021. Soit quatorze ans plus tard !

Quoi qu'il en soit, le 5 juillet 2006, le conseil d'administration, composé d'une demi-douzaine d'administrateurs (Corinne Benabdallah, secrétaire, Isabelle Bénita, Véra Benzaquen, Denyse Chalghoumi, Jean-Luc Frumy, Jean-Pierre Hauguel, Julien Hirszowski, Martine Lesbros-Verbrugghe, Michel Léon, président, Clary Monaque, Catherine Tabart, Olivier Taussig, Jean-Philippe Carlin, vice-président, Antoine Mesré), se réunit donc de façon solennelle, en soirée, au domicile du président, comme à l'accoutumée. L'ambiance est grave, la décision à prendre les engage tous (même si c'est le président, initiateur du mouvement, qui sera au feu !). Les douze administrateurs avaient rongé leur frein pendant des semaines, des mois.

Ce soir de juillet, leur motivation est ferme : ils décident, à l'unanimité, de recourir à la justice. Leur avocat, Jean-Louis Guin, est arrivé tard à la réunion, mais les gratifie comme à l'habitude de ses conseils : il leur recommande de s'appuyer sur le constat d'huissier établi en mai 2005, et leur explique comment il va procéder pour engager concrètement un référé au tribunal de grande instance de Bobigny.

Une première audience a lieu le 18 septembre 2006, et le jugement rendu le 6 décembre 2006 se solde par un échec : le tribunal rend une décision d'incompétence. Il faudra attendre le 22 juin 2007, six mois plus tard, pour que la cour d'appel de Paris revienne sur la décision et nomme un expert. Les Sans Radio remportent ainsi une première manche !

Un article de presse qui ne sera jamais publié

Parmi la multitude d'initiatives que l'association développe en 2006, il y a un projet d'article collectif. Comme un manifeste ! Il s'agit de résumer le dossier, de dresser les revendications, puis de le faire signer par le plus grand nombre d'élus. Il a fallu six mois pour mettre au point ce papier et obtenir l'accord de tous. Ensuite, l'article a été envoyé aux rédactions du *Monde*, de *Libération*, de *L'Humanité*. Sans succès. Il n'est jamais paru…

Voici l'article (page suivante) dans sa version de décembre 2006, tel qu'il a été envoyé aux différents supports de presse. Aucun ne le publiera…

(Projet d'article – version Sans radio 2/12)

L'Est parisien réclame l'accès aux radios de service public

Quelle est la capitale européenne dont de très nombreux habitants ne reçoivent pas correctement, en 2006, la radio ? En particulier de service public ? Savez-vous que le citoyen du XIXè ou du XXè arrondissement de Paris, de Bagnolet, de Montreuil ou des Lilas écoutait mieux *Ici Londres* en 1940 que Radio France en 2006 !

Depuis de trop nombreuses années, plus de 40 000 foyers de l'Est parisien n'ont pas accès convenablement à la FM, en particulier aux émissions de Radio-France. C'est également le cas pour ceux qui, en déplacement à travers toute cette zone, cherchent à écouter la FM sur leur baladeur ou, automobilistes, sur leur autoradio.

Pour ces populations, plus de 200 000 personnes, souvent défavorisées, il s'agit d'une privation qui s'ajoute à d'autres injustices et à d'autres difficultés pour accéder à la culture. Faut-il parler de fatalité ? Une telle situation est-elle seulement imaginable à l'Ouest de Paris ?

Depuis deux ans, un mouvement citoyen, soutenu par les conseils de quartier et les élus locaux, a dénoncé publiquement cette carence. Fort des voeux des municipalités, du conseil de Paris et du conseil régional, ce mouvement a réclamé auprès du CSA son intervention pour libérer l'accès à la bande FM, comme à France Inter, France Culture, France Musique, FIP, RFI, Le Mouv, etc. Et ne plus imposer à ces 40 000 foyers parisiens que des ondes à haute teneur publicitaire.

Après avoir nié le problème, puis dénigré cette injustice flagrante, la haute autorité a saupoudré le quartier d'une frêle fréquence supplémentaire pour France Inter. Elle tarde surtout à résoudre l'évidente violation des principes constitutionnels d'égalité d'accès et de continuité du service public. N'est-ce pas à elle qu'il revient précisément de le défendre !

Refusant d'être la victime du marché publicitaire radiophonique, le citoyen ne se résigne pas à cette restriction d'accès à la culture et à la musique. Il ne comprend pas les choix du CSA, qui ne privilégie pas la défense de principes constitutionnels, au profit de concessionnaires privés qui se partagent la commercialisation de la bande FM ? Qui, si ce n'est le CSA, assurera la défense du service public de radiodiffusion ? Sur la bande FM parisienne aussi, le service public est en danger !

Bagnolet, le 4 décembre 2006

Pour tout contact :
>sans.radio@laposte.net<

Association des Sans Radio de l'Est parisien , Jean-Paul Huchon, président du Conseil régional d'Ile-de-France, Hervé Bramy, président du conseil général de Seine-Saint-Denis, Bariza Khiari, sénatrice ,Claude Bartolone, député de la Seine-St-Denis, Martine Legrand et Nathalie Kaufmann, conseillères régionales, Josiane Bernard, Jean-Charles Nègre, conseillers généraux, Denis Baupin, Pierre Mansat, adjoints au maire de Paris, Marc Everbecq, maire de Bagnolet, Daniel Guiraud, conseiller général et maire des Lilas, Georges Sarre, maire du XIè - Paris, Michel Charzat, député-maire du XXè arrondissement - Paris, Jean-Yves Autexier, conseiller de Paris, Jean-Pierre Brard, député-maire de Montreuil, André Baraglioli, adjoint au maire de Bagnolet, Christophe Paquis, adjoint au maire des Lllas.

L'ensemble du dossier est disponible sur le site de la ville de Bagnolet, http://www.ville-bagnolet.fr
Les Sans Radio de l'Est parisien
15, av de la Dhuys - 93170 Bagnolet
< sans.radio@laposte.net > 06 79 41 78 77

03/12/2006

L'AFP écrit (15 septembre 2006)

Voici comment l'AFP rend compte du lancement de l'action en justice. Une dépêche qui fait le point avec pertinence sur le dossier. Elle résume parfaitement la stratégie des Sans Radio. Je me souviens encore de l'appel de la journaliste et de l'échange. Elle a fait l'effort de comprendre…

Las de la friture, les Sans Radio de l'Est parisien montent le ton
Par Sylvie Husson - Bobigny (AFP)

Fatigués des interférences qui brouillent depuis des années la réception FM dans l'Est parisien, des habitants s'apprêtent collectivement à demander secours à la justice.

« On nous a dit pendant des années de changer de poste de radio, nous prenant pour des imbéciles, maintenant ça suffit. » Michel Léon, président de l'association des Sans Radio de l'Est parisien, et auditeur nostalgique de France Musiques, ne supporte plus, comme les 260 adhérents de son association, les grésillements de son transistor quand il se branche sur les radios de service public.

À Bagnolet, où il réside, comme aux Lilas, Romainville, et dans certains quartiers des 19e et 20e arrondissements de Paris, les ondes hertziennes de Radio France, émises depuis la tour Eiffel, ont du mal à passer parmi les 49 fréquences de la bande FM.

« Il peut être difficile, avec les appareils les plus simples, de bien recevoir à proximité d'un site d'émission (les tours Mercuriales), l'ensemble des radios diffusées depuis un site plus lointain (la tour Eiffel) », reconnaît le Conseil supérieur de l'audiovisuel (CSA) en soulignant que le relief de la zone accroît ces difficultés de réception.

Pour Michel Léon, le CSA, qui attribue et gère les fréquences radio, *« accepte depuis plusieurs années une entente des deux gros opérateurs concurrents sur le dos des 40 000 foyers de la zone concernée »*.

Il dénonce les émissions excessives (mais légales) des opérateurs TowerCast (filiale à 100 % de NRJ Group) et Télédiffusion de France (TDF), implantés sur les tours des Mercuriales, qui créent « une zone de brouillage ».

Lundi, l'association déposera une requête en référé devant le tribunal de grande instance de Bobigny (Seine-Saint-Denis) pour obtenir une expertise indépendante.

L'association se dit prête ensuite à aller au procès « pour trouble de voisinage », forte d'une jurisprudence de la cour d'appel de Reims qui a condamné en novembre 2004 TowerCast à désactiver une antenne hertzienne après des plaintes comparables de riverains. Les Sans Radio menacent aussi d'attaquer le CSA devant le tribunal administratif.

À Paris, TowerCast a le sentiment de ne pas écraser les ondes concurrentes et fait valoir qu'il « *respecte les contraintes techniques* » imposées et contrôlées par le CSA.

La haute autorité a constitué en 2005 un groupe de travail avec les opérateurs et Radio France, des tests ont été menés au domicile des auditeurs et sur les émetteurs.

Depuis quelques mois, le CSA expérimente aussi la diffusion de France Inter sur une nouvelle fréquence, grâce à un réémetteur.

« *On se félicite de ce que le CSA a accordé à France Inter. Mais pourquoi les habitants de l'Est parisien ne seraient-ils pas dignes d'écouter le Mouv, Fip, ou France Culture ?* », insiste M. Léon.

Une consultation menée en 2006 par le CSA fait apparaître que la solution « *efficace* » consisterait à regrouper tous les émetteurs sur la tour Eiffel. Mais cette solution implique de modifier tout le plan des fréquences de la tour Eiffel.

« *Aujourd'hui, des solutions techniques locales ont été apportées* », estime Thierry Bernard, directeur de la communication de TDF, l'opérateur installé à la tour Eiffel, pour qui « *l'arrivée de la radio numérique résoudra de toute façon le problème* ».

La table à repasser et le député

« *Elle écoute la radio avec son fer à repasser !* ». Claude Bartolone tient à me raconter lui-même l'histoire... À l'époque, il s'intéresse encore au dossier et ne mâche pas ses efforts pour le faire connaître à l'Assemblée nationale. Il m'explique qu'un de ses collaborateurs l'a informé d'un appel reçu à sa permanence de député : une habitante de la circonscription souhaitait que le député vienne chez elle pour constater par lui-même et de ses propres oreilles ; elle prétendait que, quand elle branchait son fer à repasser, on entendait la radio !

Non sans penser aux Sans Radio, Claude Bartolone décide alors de se rendre au domicile de cette auditrice contrainte et contrariée… Pour se rendre à l'évidence : la plaque métallique d'un fer branché sur une prise électrique suffit à capter des ondes et… écouter la radio ! Et d'avouer que certains habitants de la zone de la porte de Bagnolet n'ont pas le choix.

Je ne suis pas vraiment surpris de cette histoire, pourtant invraisemblable ! J'en ai moi-même fait la preuve avec un piano électrique à mon domicile dans le quartier de la Dhuys à Bagnolet. La fiche de l'appareil enfoncée dans la prise, sans même allumer celui-ci, ses haut-parleurs crachouillent un son infâme. J'ai tout essayé : impossible de supprimer ces gargouillements ! Même chose dans les haut-parleurs de chaînes hifi qui répercutent systématiquement les ondes.

La plupart des habitants de la zone de la porte de Bagnolet, côté Lilas ou côté Vingtième parisien, vous raconteront chacun leurs déboires avec leurs appareils électroniques ou leurs téléphones fixes. C'est ainsi dans tout le quartier : impossible de faire son repassage, d'utiliser toute sorte d'appareil électrique, sans écouter la radio ou entendre des bruits bizarres que telle surface métallique perçoit et amplifie. Avec des appareils les plus divers les uns que les autres. Suscitant autant de situations cocasses ! Certains prétendent même que des personnes appareillées de prothèses dentaires y reçoivent la radio dans leur bouche !

Pour éviter ces perturbations, les conseils vont bon train : on se souvient des conseils du CSA dans sa première brochure à l'été 2005, qui a fait tant rire les riverains. Un peu plus tard, le CSA recommandera d'isoler les fils avec du papier d'alu ! Ou de réembobiner celui qui sert d'antenne. Pourtant, on avait cru qu'il fallait au contraire en écarter les extrémités.

Quant aux conséquences sanitaires (sommeil perturbé, symptômes dépressifs, etc.), dont certains habitants se plaignaient, elles n'ont jamais été prises en considération, ni par les instances, ni par les élus... Ce n'est pourtant pas faute d'avoir – pour ma part – à toutes occasions, à toutes rencontres, insisté sur ces plaintes. Chaque fois que je l'ai pu, comme président de l'association, j'ai fait état des inquiétudes des riverains, alerté sur l'étrange situation du quartier en matière de réception radiophonique et de champ électrique. Sans certitude, sans prétention…, mais avec la conviction qu'à la porte de Bagnolet, les ondes mènent la danse !

Paradoxe de cette folle situation, si beaucoup se plaignent de ne pas recevoir les radios souhaitées sur leur poste, principalement les stations de service public (Radio France), d'autres, au contraire, perçoivent des ondes non voulues, à travers toutes sortes de conducteurs ou surfaces métalliques et doivent supporter les crachouillis des stations émises sur la zone. Comme c'était le cas, avant son transfert fin 2006, de TSF Jazz.

Un parcours du combattant !

Quand il les reçoit, le 6 septembre 2006, sous les lambris dorés de son prestigieux bureau, Renaud Donnedieu de Vabres, ministre de la Culture de l'époque, n'en revient pas ! « *Quel parcours du combattant !* », leur répète-t-il à l'envi : « *Quel parcours du combattant avez-vous accompli pour atteindre mon bureau…* » Pas moins d'une demi-douzaine de fois, l'expression reviendra dans sa bouche.

À vrai dire, lui seul en semble surpris ! Assis dans un moelleux canapé, les deux représentants de l'obscure association de Bagnolet, que le ministre a proposé de recevoir en compagnie de leur député Claude Bartolone, savent parfaitement ce qui les amène. À peine impressionnée par les lambris, Corinne, la secrétaire de l'association, ne s'éloigne pas de sa motivation de départ ! Quant à moi, à l'origine du mouvement, j'espère enfin avoir un interlocuteur de poids.

Ni elle, ni moi ne sommes gênés pour expliquer le dossier au ministre. N'avons-nous pas pris la précaution de préparer un guide d'entretien (voir le fac-similé ci-dessous). N'avons-nous pas fait admettre cette injustice à des centaines d'interlocuteurs, auditeurs-citoyens de base, habitants riverains des communes concernées, puis élus des collectivités du voisinage et de tous bords politiques ? Tous en ont convenu : ensemble ils pâtissent de la même aberration technique qui rend inaudible la bande FM à l'est de Paris. La privation de la radio, cet outil simple de diffusion de la culture et de la communication – celui qu'utilisaient leurs grands-parents – est proprement insupportable.

Face au ministre, Claude Bartolone appuie notre démarche. Depuis leur première rencontre, le 19 novembre 2004, le député de la Seine-Saint-Denis (pas encore président de l'Assemblée nationale) s'est piqué du dossier, qu'il a, on l'a vu, défendu dans l'hémicycle. Ce jour-là, le ministre n'était pas au Palais-Bourbon… Le député lui confirme donc par écrit, un peu plus tard, le 4 avril, sa détermination. Le dossier lui tient particulièrement à cœur. « *Je suis convaincu*, lui avoue-t-il, *que face au silence du Conseil supérieur de l'audiovisuel, seule une intervention du gouvernement est en mesure d'éviter une action en justice.* »

Quelques jours après avoir reçu le courrier, en le croisant au Palais-Bourbon, le ministre vient s'excuser auprès du député : regrettant son absence, il convient que le sujet l'a interpellé et, comme preuve de son intérêt pour l'épineux dossier des Sans Radio, il invite son interlocuteur à le rencontrer rue de Valois. Il lui propose même de venir accompagné d'une délégation de ces « Sans Radio » dont il découvre l'existence.

Et nous voilà tous les quatre réunis dans le fameux bureau du ministère de la Culture qui donne sur le Palais-Royal, aux murs revêtus de lambris dorés et d'œuvres d'art. Avec un cinquième personnage : la directrice adjointe du cabinet du ministre.

En septembre 2006, les Sans Radio sont à deux doigts de demander justice : le CSA les a déjà reçus trois fois en 2005. Sans aucune avancée. Pourtant, l'association a réussi à remonter les éléments techniques : le CSA a finalement convenu que le brouillage de la bande FM, particulièrement des stations de service public, est avéré pour 40 000 foyers. Soit une inégalité de traitement de plus pour ces quartiers déjà défavorisés. Ou 200 000 citoyens considérés comme de deuxième zone.

C'est cette situation proprement ubuesque, lui disons-nous, qui nous a motivés, ainsi que les autres militants des Sans Radio, pour demander réparation et faire voter des vœux par l'ensemble des municipalités des communes avoisinantes (Bagnolet, Les Lilas, Romainville, Montreuil, 19e et 20e arrondissements parisiens).

Le CSA en convient. Mais notre mouvement, qui est né quatre ans plus tôt, a le sentiment d'être mené en bateau. Les mois passent et les trois audiences au CSA en 2005 n'ont pas convaincu. Ses demandes ne sont pas prises en compte !

En tant que président de l'association, je présente le dossier succinctement au ministre, entre une tasse de café et un biscuit. Sa directrice adjointe de cabinet feint de prendre des notes. Claude Bartolone appuie, insiste.

Installé dans son canapé, le ministre, lui, ne fait que répéter : « *Vous avez fait un parcours du combattant, monsieur Léon.* » Il n'en dira pas plus.

Et la rencontre ne fera pas avancer le dossier d'un pouce.

Guide d'entretien avec Monsieur Renaud Donnedieu de Vabres, ministre de la Culture et de la Communication – audience du 6-09-06

L'Est parisien veut écouter Radio France

- Média historique et populaire, la radio est un outil de diffusion de la culture et de la communication privilégiée parce que simple d'usage et confortable à d'écoute sur la bande FM. En priver une importante population à Paris et en banlieue (estimée à plus de 40 000 foyers), souvent défavorisée, est insupportable, s'ajoutant à d'autres injustices et à d'autres difficultés pour accéder à la culture.

- Une telle réalité est-elle seulement imaginable à l'Ouest de Paris ?

- De par sa fonction, qui le rend garant de la liberté de diffusion de la culture sous ses diverses formes, le ministre de la Culture et de la Communication peut-il accepter une telle situation, qui dure depuis des années.

- Non seulement des stations privées comme par exemple Radio Orient ou Radio Shalom, mais surtout la plupart des radios publiques du groupe Radio France, France Inter, France Culture, France Musique, FIP, Le Mouv, ainsi que RFI, sont inaudibles sur une vaste zone autour de la Porte de Bagnolet.

- Le ministre n'est pas sans savoir que ce paysage radiophonique est dû au choix aberrant, validé par le CSA, de diffuser une dizaine de fréquences à partir d'antennes installées sur des tours, (« Les Mercuriales », « Galliéni 1 »), situées au milieu d'une « zone d'ombre » (Bagnolet, Les Lilas, Paris XXè) gérées par trois opérateurs privés concurrents, précisément là où les ondes de Radio France et d'autres stations, émises depuis la Tour Eiffel, parviennent fortement atténuées. S'ajoute à ces difficultés, la puissance excessive (quatre fois supérieure à France Inter) historiquement accordée à l'une de ses radios (TSF 89.9, la radio du jazz). Les brouillages n'ont pas d'autre origine que cette décision.

- C'est d'ailleurs à cause de cette zone d'ombre que, jusqu'en décembre 2001, un émetteur situé sur le fort de Romainville aux Lilas, diffusait à l'intention de l'Est parisien France Culture et France Musique sur deux fréquences supplémentaires. Sa suppression en janvier 2002, incompréhensible, prive depuis bientôt cinq ans ces dizaines de milliers de citoyens d'un accès au service public.

- Le ministre n'ignore pas que se trouve ainsi bafoué le principe de l'égalité d'accès aux programmes de service public pour tous les auditeurs.

- Depuis deux ans, un mouvement citoyen, soutenu par les conseils de quartier et les élus locaux, a dénoncé publiquement cette carence. S'appuyant sur une pétition qui a recueilli plus de 2 500 signatures, et sur les vœux de toutes les collectivités unanimes, du conseil de Paris au conseil général de la Seine-Saint-Denis jusqu'au conseil régional d'Île-de-France, ce mouvement a réclamé, au cours de trois audiences, auprès du CSA son

L'ensemble du dossier est disponible sur le site de la ville de Bagnolet, http://www.ville-bagnolet.fr
Les Sans Radio de l'Est parisien
15, av de la Dhuys- 93170 Bagnolet
< sans.radio@laposte.net > 06 79 41 78 77

intervention pour retrouver l'accès aux radios de service public. Et ne plus imposer à ces 40 000 foyers parisiens que l'écoute de stations commerciales à contenu publicitaire.

- Après avoir nié le problème, puis dénigré cette injustice flagrante, la Haute Autorité a d'abord renvoyé le problème à une réorganisation de la bande FM, et à une nouvelle répartition entre les concessionnaires (TDF et TowerCast). En avril dernier, il s'est tourné vers la Mairie de Paris pour envisager une nouvelle attribution des concessions sur la Tour Eiffel, convenant alors que la seule solution était le transfert du plus grand nombre d'émetteurs des tours de l'Est parisien vers la Tour Eiffel. Cette solution à laquelle la mairie serait favorable, n'est envisageable que dans quelques années.

- Enfin, en juillet, le CSA a proposé de mettre en service une fréquence complémentaire, - une seule pour France Inter déjà exploitée à l'ouest de Paris sur 87.6 Mghz – tout en précisant qu'aucune autre n'est disponible.

- Les Sans Radio demandent la stricte application par le CSA et pour l'ensemble des radios de service public des dispositions légales qui lui confient la mission d'assurer la bonne réception des signaux de radiodiffusion hertzienne (art. 22 de la loi du 30 septembre 1986 modifiée), de défendre et de faire respecter leurs droits constitutionnels d'accès au service.

- Le ministre de la Culture et de la Communication, peut, dans l'urgence, demander d'accorder prioritairement à Radio France les fréquences nécessaires à l'accomplissement de ses missions de service public (art. 26 de cette même loi). Il peut le faire à l'occasion de l'appel aux candidatures pour la bande FM du Comité technique régional (CTR) de Paris qui sera lancé en septembre 2006 – comme il l'a déjà fait le 10 mai 2006 et le 12 juillet 2006 pour d'autres CTR (Bretagne et Pays-de-Loire, Aquitaine et Charente). Il serait souhaitable que le ministre réclame cette réservation avant la publication, imminente, du plan de fréquences.

- Quant au passage à la radio numérique qu'il est possible d'évoquer, son intérêt est évident, mais lointain.

- Les adhérents de cette association, citoyens privés d'une bonne réception radiophonique, perdent patience devant tant de mépris et d'incompréhension : ils sont déterminés à régler ce problème en engageant une action de justice

- Mais avant cet ultime recours, les Sans Radio de l'Est parisien font appel au ministre de la Culture et de la Communication, interpellé sur ce dossier par Claude Bartolone, député de la Seine-Saint-Denis, pour qu'une solution simple et appropriée soit engagée rapidement.

- A Bagnolet comme dans le XXè, aux Lilas ou à Montreuil, les citoyens ne se résignent pas à cette restriction d'accès à la culture et à la musique. Ils ne comprennent pas la posture du CSA. Ils attendent du ministre de la Culture et de la Communication qu'il privilégie la défense de leurs droits constitutionnels.

- Qui, si ce n'est le ministre de la Culture et de la Communication, avec le CSA, assurera la défense du service public de radiodiffusion ?

Bagnolet, le 1er septembre 20006

L'ensemble du dossier est disponible sur le site de la ville de Bagnolet, http://www.ville-bagnolet.fr
Les Sans Radio de l'Est parisien
15, av de la Dhuys- 93170 Bagnolet
< sans.radio@laposte.net > 06 79 41 78 77

13 h de France Inter (8 septembre 2006)

« Mais avant…, je voudrais donner la parole à un auditeur de la porte de Bagnolet qui se bat pour nous écouter… » Il est 13 heures, le vendredi 8 septembre 2006. Fabrice Drouelle lance les titres du journal de France Inter, pendant que je descends sur mon scooter la rue de Miromesnil. Des oreillettes sous le casque, branchées à mon téléphone pour écouter la radio. Abasourdi par l'honneur qui est fait aux Sans Radio, j'écoute ! Quelle joie ! Quel honneur ! Le mouvement des Sans Radio fait l'ouverture du journal de 13 heures.

Ce matin-là, j'ai reçu l'appel d'une journaliste de France Inter. Elle me demande, au lendemain de l'audience au ministère de la Culture, de répondre illico à une interview. Faire un point sur le dossier. J'accepte. Je résume la situation et lui fais part de mon désenchantement. Deux heures plus tard, je suis aux aguets. Obligé de me déplacer pour un rendez-vous, je prends la précaution, tout en roulant, d'écouter le journal. Sous mon casque. Et là… bonheur dans un premier temps de faire la une de ce journal. Mais très vite… déception par la teneur totalement dénaturée du message : coupes dans mes propos, choix du montage. Mon message est radicalement faussé. Au lieu d'insister sur l'impossibilité d'écouter les stations de Radio France, en m'écoutant on croirait que je me félicite de l'apparition d'une nouvelle fréquence de France Inter. Et que le problème est réglé !

Soit ! Comme je l'ai expliqué plus haut, depuis l'été, le CSA a accepté l'installation par Tower-Cast d'un émetteur pour diffuser France Inter sur une fréquence complémentaire (lire plus loin, *Une fréquence pour se calmer*). L'association s'en est félicitée d'ailleurs, tout en constatant que l'émetteur, de petite puissance et qui, en 2021, émet toujours, n'est orienté que vers l'ouest de Bagnolet. Ni les auditeurs de Paris 20e, ni ceux de Montreuil n'en profiteront. Mais la journaliste s'est complètement fourvoyée. A-t-elle seulement écouté ce que je lui disais, a-t-elle lu les documents que je lui ai envoyés ? C'est le flop !

Qui, malheureusement, n'en reste pas là. Tower-Cast profitera de ce message tronqué/trompé pour prétendre devant le bureau du juge du tribunal de grande instance de Bobigny que l'action engagée en juillet par l'association est nulle et non avenue. N'ai-je pas prétendu sur France Inter que le problème était réglé ? La journaliste de France Inter, plusieurs fois interpellée, ne nous répondra jamais. Pas plus que le médiateur de France Inter auquel nous nous adresserons en octobre.

Corinne n'aime pas les vacances

Corinne n'est pas une mordue de radio. Auditrice irrégulière de la bande FM, elle a en revanche, une passion pour la vie associative. Et pour les autres, en général. Une authentique altruiste dans un quartier populaire. Si elle se passionne pour les Sans Radio, c'est parce que l'injustice l'insupporte. Toutes les injustices. C'est son habitude. Plutôt un réflexe. Elle se mobilise. Sa devise pourrait bien être : « Tout seul on va plus vite, mais ensemble on va plus loin. » Elle croit à ce « mais ». Corinne veut toujours aller plus loin. Surtout, Corinne ne renonce pas. Qu'il s'agisse de défendre les Sans Radio, de défendre les femmes battues, de défendre le droit des animaux ! Une authentique passionaria de Bagnolet.

Je la rencontre à ce conseil de quartier des Malassis, le 30 novembre 2004. Elle s'est présentée à moi. Comme Jean-Philippe Carlin. Quand j'ai exposé le dossier, elle n'a pas hésité. Elle était déjà contre, vent debout ! Contre tous ceux qui contribuent à cette injustice radiophonique ! La fibre citoyenne, Corinne l'a chevillée au corps. Elle pratique la vie associative, comme on pratique un sport de combat. C'est sa passion. Quand il a été question d'inégalité d'accès au service public, son sang n'a fait qu'un tour. Corinne a tout de suite projeté la création d'une association et proposé de prendre en charge son secrétariat.

Elle ne quittera ses fonctions que trois ans plus tard, quand elle sera élue au conseil municipal, en 2008, et deviendra adjointe au maire chargée – logiquement – des relations avec les associations, mais aussi des femmes… et des animaux ! Une drôle de combinaison qui ne la fera pas renoncer. Son engagement, elle le maintiendra, malgré la tempête municipale qui se lèvera dès 2010. Quand la plupart de ses collègues élus quitteront le navire, elle continuera de prendre très au sérieux son engagement. Le rafiot coule peut-être, elle m'assure qu'il est hors de question de ne pas remplir son mandat. Soucieuse de rendre coûte que coûte le service qu'elle doit aux citoyens, elle continue. Quelles que soient ses désillusions, ses désenchantements et ses déceptions. De ce point de vue, Corinne est d'un autre temps. Je me souviens des soirs où elle me reçoit seule dans un bureau, déserté par ses collègues, à l'étage d'un bâtiment préfabriqué, pendant la construction de la nouvelle mairie, entourée d'une multitude de dossiers. Immédiatement, elle s'enquiert des nouvelles de notre combat.

Après la chute du maire, et à l'arrivée de la nouvelle équipe municipale à dominante socialiste, elle s'éloigne un instant de la vie locale pour davantage militer plus dans son institution d'origine, Assistance publique-Hôpitaux de Paris. Elle y est maquettiste. Devenue permanente au syndicat CGT du siège AP-HP, en 2017, je la retrouve sans surprise comme suppléante aux élections législatives, dans les rangs de la France insoumise, aux côtés d'Alexis Corbière, qui ne lui laissera que peu, voire pas de place. Il lui arrive pourtant de représenter le député de la circonscription dans des manifestations officielles, commémorations… Pas rancunière, Corinne a toujours le même entrain dans les combats citoyens, les mobilisations et les luttes, fait profiter de son expérience de la vie associative. Corinne, c'est la démocratie en instinct de vie !

Tout au long du combat des Sans Radio, Corinne reste à mes côtés. Curieuse de comprendre les sinuosités judiciaires, ces « simagrées », jamais gênée de demander un éclaircissement à un interlocuteur plus docte qu'elle. Que l'adversaire soit le patron d'un opérateur de radiodiffusion, un avocat imbu de son savoir et de ses dons oratoires, un expert ou un élu. Quel que soit son rang, quel que soit son bord. Jamais gênée non plus de donner son point de vue, mais privilégiant la mesure, anticipant les étapes, devançant les obstacles. Toujours soucieuse de mettre son expérience associative au profit de tous. Particulièrement des Sans Radio.

Ni mondaine, ni commère. Seule la fibre citoyenne la motive ! Quand le ministre de la Culture nous reçoit, en 2006, Corinne fait partie de la petite délégation avec Claude Bartolone et moi. Toute fière et impressionnée de découvrir les magnifiques dorures et les lambris du palais de la rue de Valois, mitoyen de la Comédie-Française et du Conseil d'État. Pour autant, loin de se laisser décontenancer par ces ors de la République, elle continue de poser ses questions sans la moindre gêne, insistant avec détermination auprès du ministre sur l'application du principe constitutionnel d'égalité d'accès au service public, et ne lui cachant pas sa colère de le voir ne pas être respecté par les pouvoirs publics. Avant de sortir de ce site prestigieux, et pour marquer le coup, elle sort son smartphone,

le tend à la directrice de cabinet et demande à
Renaud Donnedieu de Vabres, le ministre, de se
rapprocher d'elle et du député. Pour la photo…
Sacrée Corinne !

Une fréquence pour se calmer...

En avril 2006, les Sans Radio constatent un léger changement de posture du CSA dans une lettre que le « Haut Conseil », comme on l'appelle, envoie au maire de Paris. Dans ce courrier officiel, le CSA reconnaît – enfin – que le problème des nuisances que l'association dénonce depuis quatre ans est une réalité ! Il en convient officiellement, mais botte tout de suite en touche en faisant allusion à la saisine du conseil régional d'Île-de-France, alors présidé par Jean-Paul Huchon, se tournant vers la mairie de Paris pour renvoyer la solution à une réorganisation de la bande FM. Une façon d'impliquer les collectivités, pour partager la responsabilité du dossier, ou sa résolution, entre autres avec Paris qui gère les concessions sur la tour Eiffel. En cela, il admet déjà ce que l'association lira, en 2008, sous la plume de l'expert judiciaire : « *La meilleure solution aux difficultés de réception rencontrées dans l'Est parisien serait de diffuser le plus grand nombre possible de radios depuis la tour Eiffel.* » Ce qui nécessite un transfert des émetteurs situés sur les Mercuriales et une réorganisation des concessions, procédure lourde et qui ne lui incombe pas. Bref, il s'en lave les mains.

L'association y perçoit le bénéfice de ses interventions auprès des élus et le résultat des vœux dont elle a suggéré le vote, tant au Conseil régional, le 27 mai 2005, que, par exemple, dans le 20e arrondissement (10 mai 2005), par le Conseil de Paris (3 avril 2006), ou dans les communes limitrophes (Bagnolet, décembre 2003, Les Lilas, juin 2004, Montreuil, mai 2005).

Par un autre courrier du 24 juillet 2006, adressé au président des Sans Radio, le président du CSA annonce sa décision de diffuser France Inter, « *à titre expérimental, sur un réémetteur de faible puissance dans l'Est parisien sur la fréquence de 87.6 MHz* ». Dominique Baudis précisait qu'il s'agissait d'une solution « *ciblée* », ajoutant : « *Si elle s'avérait satisfaisante pour France Inter, cette solution ne pourrait, pour des raisons techniques, être généralisée à l'ensemble des programmes FM parisiens.* » Disponible, cette fréquence a fait l'objet d'un aménagement particulier... Des années plus tard, l'association apprendra que c'est délibérément que cet émetteur directionnel et de très faible puissance a été orienté vers le siège de l'association des Sans Radio, au seul bénéfice de son président. Mais si vous passez par le quartier de la Dhuys, branchez-vous sur 87.6 ! Cette diffusion expérimentale fonctionne toujours. En 2022, il est toujours possible d'écouter France Inter sur 87.6.

Constance et endurance

Le 6 décembre 2006, le tribunal de grande instance de Bobigny se déclare incompétent pour apprécier le trouble de voisinage. Sa décision, ou non-décision, met en panne notre action en justice contre les trois diffuseurs, aussi manifeste que soit le trouble de voisinage sur lequel repose le mémoire de notre avocat. Celui-ci s'appuie sur trois arguments : l'égalité des citoyens en matière de réception des radios de la bande FM n'est pas assurée sur la zone ; l'implication d'émetteurs de radios privées doit être mesurée pour apprécier ce trouble ; enfin, ce cas de figure est proche de celui d'un recours à Reims qui a duré sept ans (1997–2004), et a occasionné une jurisprudence qui nous est favorable. Notre avocat, qui fait aussi référence au constat des troubles dressé par huissier, en mai 2005, demande la mise en œuvre d'une « action au fond ». La partie adverse se gausse… D'après les trois avocats des diffuseurs, il n'y a pas lieu à statuer : c'est vers le tribunal administratif qu'il faut renvoyer l'affaire, puisque les antennistes émettent avec des autorisations délivrées par le CSA. Ils demandent donc de débouter l'association de sa demande d'expertise, s'appuyant aussi sur la configuration géographique et urbanistique de la zone, l'emploi par les utilisateurs d'appareils de mauvaise qualité ou mal utilisés. Ils réfutent aussi le nombre de foyers concernés et concluent sur l'antériorité du trouble ! Ben voyons ! Autant dire que nous sommes une bande de débiles qui ne sait pas appuyer sur un bouton. Et qu'il n'y a rien à faire puisque ça dure depuis des années ! Au contraire, ce recul nous motive : l'association se réunit quelques jours plus tard, le 16 décembre, en assemblée générale extraordinaire. Notre avocat nous propose de blinder nos statuts. Il craint les prochaines étapes judiciaires…

Le Quartier libre de Caroline Cartier

Quatre jours plus tard, le 10 décembre, à 7 h du matin, on sonne : « *Bonjour, je suis Caroline Cartier, de France Inter. Je ne vous dérange pas ?* » Un coup de fil de la journaliste, la veille, m'en avait prévenu. Décoiffée, l'œil hagard, en *battle-dress*, le magnétophone à la main, elle paraît pressée et tendue ! Pourquoi venir ce 10 décembre à Bagnolet ? Quelque chose de particulier dernièrement ? Rien si ce n'est que, quatre jours avant, le tribunal s'est déclaré incompétent : pas franchement une actualité !

Pourquoi consacrer trois minutes d'audience, vers 7 h 48, aux Sans Radio de l'Est parisien ?

Nicolas Demorand livrera le lendemain, le 11 décembre, son explication : « *Quand les ondes se brouillent* », lance-t-il en titre, en continuant ainsi : « *Difficile parfois d'écouter certaines radios de la FM, surtout à l'est de Paris. L'émission excessive de plusieurs stations à partir d'antennes de la zone perturbent les fréquences. Les Sans Radio de l'Est parisien ont demandé au tribunal de Bobigny de statuer. Pour l'instant sans succès. Michel Léon, président de l'association, ne va pas lâcher l'affaire. C'est le* Quartier libre *de Caroline Cartier.* »

Je rate rarement le *Quartier libre* : j'apprécie l'impertinence que la journaliste met à traiter un sujet. Que du son ! Le style Caroline Cartier, c'est de réaliser une enquête sonore sans commentaire ! Mais elle n'honore pas seulement notre combat, ce matin. Discrètement, elle veut aussi s'amuser.

Refusant l'offre d'un café, elle est pressée de monter en voiture pour enregistrer du son… ou sa bouillie ! Son idée, c'est de plonger les auditeurs de France Inter dans le brouillage ambiant. Ceux qui n'y habitent pas. Qui n'y circulent pas. Et témoigner par de la matière sonore brute, ce que c'est qu'allumer son poste près de la porte de Bagnolet ! Son magnétophone à la main, elle me pousse dehors pour enregistrer cette cacophonie. Même si c'est peut-être surtout à la diffusion de la chronique politique d'Hélène Jouan qu'elle pense ! C'est sa cheffe, me confie-t-elle à l'oreille.

Le lendemain[6], je constate le talent de la professionnelle. « *Le crachouillis, c'est insupportable ! On ne peut plus suivre le fil d'une émission.* » C'est moi qui parle. Je précise au micro le trajet, les petites rues le long de l'autoroute A3 et du périphérique : « *Vous imaginez le monde qui circule ici au petit matin. Quelquefois, la radio s'arrête. Comme maintenant ! Ou le poste s'éteint de lui-même. Parfois ça reprend.* » Je termine avec la fameuse formule : « *On écoutait mieux* Ici Londres *en 1940 que France Culture aujourd'hui.* » Jusqu'à l'instant – à 7 h 40 – où est diffusée la chronique d'Hélène Jouan, dans un immonde crachouillis. On n'entend plus rien… Caroline a bien joué ! Elle en avait ri la veille en me demandant de stationner là où ça grésillait le plus. Nicolas Demorand conclut : « *C'était donc le président de l'association des Sans Radio qui n'aura pas pu écouter ce* Quartier libre *de Caroline Cartier !* »

---

[6] Les deux minutes quarante-trois secondes de ce bijou sonore sont disponibles sur le blog de l'association.

2007

Une perle d'avocat

Quel était le bon ange qui, en 2004, m'avait envoyé la dépêche AFP annonçant cet arrêt de la cour d'appel de Reims qui me rendait l'espoir ? (Lire p. 35 *D'un étrange arrêt de la cour d'appel de Reims.*) Quel « messager céleste » avait immédiatement pensé aux riverains de la porte de Bagnolet en lisant ce jugement rendu dans une affaire de trouble de voisinage favorable aux riverains et qui s'était conclu par le démontage des antennes ? Quel était cet ange gardien qui prenait discrètement la défense de notre mouvement, encore balbutiant ?

Un jour, de lui-même mais bien plus tard, il s'est dévoilé : c'était Jean-Louis Guin, un Lilasien venu vers notre association d'abord en résident, ensuite en avocat, et qui s'est approché des Sans Radio en toute discrétion. Comme l'y incitait sa nature. Jusqu'à y prendre une place essentielle.

En le fréquentant pendant toutes ces années, nous nous sommes attachés à cette personnalité hors du commun.

Et d'abord à sa voix. Une voix du Sud-Ouest, qui nous a séduits par sa chaleur, sa fermeté et sa clarté. Cela a suffi ! Un cocktail d'assurance et d'audace. C'est elle, je crois, qui a emporté l'adhésion du conseil d'administration.

Souffrant du brouillage, comme tant d'autres, il pâtissait chaque matin d'un son radiophonique inaudible ! Il peinait à « prendre les nouvelles ». En voisin, il a eu vent de la pétition en donnant son adresse professionnelle. C'est grâce à elle que je l'ai immédiatement repéré : un avocat qui prend parti, qui s'engage par son nom et sa qualité, cela m'a tapé dans l'œil.

Spécialisé en droit commercial, plutôt côté contrefaçon, il n'était – a priori – pas le plus compétent pour prendre en charge notre dossier. Il n'en avait – je crois – jamais traité de tel. Mais au fil des semaines et des mois, Jean-Louis a allié une opiniâtreté hors du commun et un remarquable bon sens. Le tout avec le goût du détail et une curiosité insatiable.

Ce n'est pas un hasard si c'est lui qui a repéré la jurisprudence de Reims !

Nous n'avons jamais formellement convenu qu'il « prenait en main notre dossier ». Au début, je l'ai appelé. Il me donnait des conseils furtivement. Un jour, il m'a proposé de le rejoindre à son cabinet. Dans son bureau où s'entassaient des sacs de contrefaçon. Sa présence s'est vite imposée à nos conseils d'administration. Il s'y est glissé. La plupart de nos réunions (au plus une tous les trois mois) se tenaient le soir. Il y arrivait tardivement, depuis son cabinet, souvent à vélo avec le casque à la main et le sourire aux lèvres. Avec un faux air naïf. Mais sa compétence nous impressionnait. La fermeté de ses appréciations aussi. Efficace Jean-Louis. Il ne restait pas forcément jusqu'au bout. Juste le temps de nous expliquer comment mieux bâtir notre défense. Presque réservé, toujours aimable, cet homme a vite endossé notre combat. Sans réclamer quoi que ce soit. Il l'a porté sans reculer devant la tâche… Jusqu'à faire sortir de l'apathie les parties adverses. Et repousser par son assurance le mépris de nos adversaires. Pour nous emmener, année après année, vers la solution ! Sans lui, rien n'aurait été possible. Trouver un pareil conseil relevait de la gageure. Généreux, efficace et si sympathique…

Pourquoi pas le tribunal administratif ?

L'association en a toujours convenu : à défaut d'être la bonne, la voie par le tribunal administratif aurait été à privilégier. Sauf qu'en justice, mieux vaut se méfier de l'évidence. S'étant initiés au cours des années à la pratique du droit au quotidien, les administrateurs de l'association l'ont constaté. Revenons à l'origine : l'autorisation « administrative » d'émettre a été accordée par une instance d'État aux diffuseurs. C'est l'origine des troubles. C'est elle que nous aurions préféré contester. Sauf que cette voie juridique, tous nos conseils nous ont dissuadés de l'emprunter. Tous étaient unanimes : elle eût été totalement inefficace.

Dès que l'association l'a sollicité, notre avocat le premier l'a confirmé. Plus tôt, en novembre 2004, lors d'un entretien téléphonique initié par le député Claude Bartolone, l'un des neuf conseillers du CSA, alors en fin de mandat, l'avait aussi souligné en déroulant étape par étape la bonne démarche : d'abord, attaquer les opérateurs pour trouble de voisinage devant le tribunal de grande instance. Ensuite, demander une expertise judiciaire, en accompagnant la démarche, autant que possible, de pressions sur les élus et les politiques. Et ne pas tenter l'assaut du tribunal administratif pour contester des décisions étatiques (en l'occurrence celles du CSA).

Révélée par notre avocat, la jurisprudence obtenue à Reims par un groupe de citoyens l'a aussi confirmé. Contre l'avis de certains d'entre nous, qui auraient volontiers engagé le fer, façon Don Quichotte ! La plupart ont convenu qu'il n'était décidément pas souhaitable de lancer simultanément une action auprès du tribunal administratif, et un référé engagé au tribunal de grande instance. Pour autant, de l'avis de tous aussi, il n'était pas inutile que l'association s'y préparât. Qu'elle se tienne éventuellement prête à s'y lancer si elle était déboutée au TGI. Voire, en dernier ressort, qu'elle s'attaque à l'État ? Même sans illusion.

L'association voulut en avoir le cœur net et prit deux fois conseil auprès d'avocats qui, chacun, nous le confirmèrent. En janvier 2007, l'association fut mise en contact avec un mentor du barreau, Me William Bourdon. C'est par sa légèreté que nous fûmes ébahis. Reçus dans son cabinet de la rue de Rivoli, il nous abandonna vite, grand prince, à ses collaborateurs en nous suggérant de leur raconter le dossier : « *Je reviendrai vous voir plus tard… Si c'est intéressant !* » Un peu choqués, nous allâmes à la rencontre d'un juriste moins connu, plus discret : Me François Jambin. Lui aussi nous incitera à reporter toute démarche en justice administrative, dans l'attente de la démarche au TGI et de l'expertise. Une image lâchée a suffi à nous faire comprendre ce qui nous attendait : celle d'un juge administratif qui, pour toute condamnation, frapperait de quelques claques le dos de la main d'un fonctionnaire. Nous l'avions compris : ce chemin était une impasse !

Quand la justice passe

L'audience était fébrilement attendue pour le 18 septembre 2006. Ce devait être la première passe d'armes en justice des Sans Radio. C'était sans compter avec plusieurs reports qu'il fallut endurer. Ce ne fut que le 8 novembre que notre avocat put enfin présenter ses arguments pour « *faire cesser le trouble* », comme énoncé dans l'objet de l'association. Demander justice, c'est apprendre la patience !

Ce jour-là, l'avocat dépose un référé au tribunal de grande instance. En clair, il demande au juge de mettre en place une mission d'expertise judiciaire. Que la justice nomme un expert et lui demande d'étudier et de rendre un avis sur notre dossier. Jean-Louis Guin était souvent venu en conseil d'administration nous expliquer ce qui allait se passer. Il avait insisté : seul un expert spécialisé, habilité et mandaté par la justice, était en capacité de démontrer à la cour les troubles de réception sur la bande FM dans l'Est parisien. Une fois ce trouble constaté, il serait envisageable de lancer une deuxième action en justice contre les concessionnaires. Il serait alors temps de plaider le trouble de voisinage.

Dans un premier temps, le tribunal nous décevra. Toujours apprendre la patience… Après l'audience de novembre, le tribunal mettra un mois – nous sommes en décembre 2006 – pour se déclarer incompétent.

« *Je m'y attendais* », nous confie notre conseil qui revient immédiatement vers nous et propose d'interjeter appel pour demander un réexamen du dossier et de ses arguments par la cour : six mois plus tard, le 22 juin 2007, la décision tombe ! La cour d'appel de Paris (14e Chambre – section B) infirme la décision – dite de première instance – d'incompétence. Elle accorde à l'association une expertise judiciaire : le pas est gigantesque ! Qu'importent les 4 000 euros à avancer par l'association au régisseur de la cour d'appel. Le déni de réalité est levé ! Et compromises les allégations du CSA.

On ne résiste pas à l'heure de la rédaction de ce récit, quatorze ans plus tard, à transcrire dans ces lignes la décision de justice : « *La cour, considérant que le trouble est établi, que son origine n'est pas précisément identifiée et que les améliorations attendues du réaménagement du spectre hertzien sur la région parisienne ne sont pas démontrées, ordonne une mesure d'expertise…* »

Un expert au travail

Une fois nommé, l'expert convoque à son bureau les parties. Une première réunion se tient rue de Castiglione, près de la place Vendôme à Paris, le 9 octobre 2007. « *Il ne s'agit que d'une prise de contact* », convient-il. L'association dresse, quant à elle, un constat : pour la première fois, les acteurs de ce dossier se retrouvent dans la même pièce. Le CSA n'avait jamais osé le faire. Il aura fallu que l'association saisisse la justice pour que ce face-à-face ait lieu.

En faisant part à l'assemblée de sa mission, telle que la cour l'a définie, l'expert ne fait que confirmer l'évidence : « *Considérant que le trouble est établi et que son origine n'est pas précisément identifiée…* » Cette phrase du compte rendu évoque distinctement ce que l'association et son président s'échinent à faire reconnaître par les autorités… depuis cinq ans !

Tout est dit. Mobilisée par l'association, la justice demande à ce que les faits soient établis. Par cette prise en charge, elle soulage les plaignants, c'est-à-dire l'association, son président, les adhérents victimes et les collectivités. Il s'agit, on le rappelle encore, d'une population correspondant en nombre à celle de la ville de Rennes ! Une paille…

Sont présents autour de lui le directeur de TowerCast, entouré de sa juriste et de deux avocats, le responsable technique de TDF, accompagné du directeur juridique et de deux avocats dont Alain Bensoussan, avocat connu et réputé dans ce domaine, enfin le directeur d'un troisième opérateur, IDF Media, et quatre représentants de l'association, avec notre ange gardien : notre avocat. Pas de représentant du CSA : il n'est pas impliqué dans l'action en justice à l'origine de cette expertise. Mais l'expert lui écrit en novembre : il lui présente sa mission et lui réclame des pièces.

D'entrée de jeu, après avoir noté que les parties n'élèvent aucune objection sur le contenu et l'étendue de la mission, l'expert prend la précaution de poser le cadre déontologique de sa mission, rappelant que sa société est indépendante des opérateurs. Il détaille ensuite le décor : « *De nombreux habitants de l'Est parisien, des communes de Bagnolet, Montreuil, Romainville, Les Lilas et des 19e et 20e arrondissements de Paris se plaignent depuis 2001*, écrira-t-il dans son procès-verbal, *de la mauvaise qualité de réception de nombreuses radios de la bande FM, tant publiques que privées. Soutenus par des représentants de plusieurs collectivités locales, ils ont alerté de nombreux acteurs du domaine* », etc. On croirait lire la prose de l'association !

Les échanges, qui ont fait l'objet d'un compte rendu, révèlent la nature du débat : bonne fille, « *la société TowerCast considère que les faits sont démontrés par plusieurs enquêtes menées par le CSA qui identifient trois causes principales dont la puissance de la radio TSF, diffusée par la société TDF, depuis la tour est des Mercuriales* ». TDF, qui « *conteste le terme de désordres [...], s'interroge sur le concept même de normes [...] et cherche la réglementation qui impose à une radio ou à son prestataire, le diffuseur, de s'engager à couvrir une zone déterminée. Enfin, elle rétorque aussi que* "le réaménagement du spectre, intervenu le 3 septembre 2007, crée une situation nouvelle qui remet en cause ces résultats" ».

Reste que l'expert convient « *qu'une très forte majorité d'auditeurs considère que l'écoute de certaines radios n'est pas possible dans cette zone* ». Ce qui justifie la demande qu'il a reçue de la cour de se rendre sur zone, d'y effectuer des relevés de réception et de qualité, de se faire communiquer « *tous éléments utiles à l'accomplissement de sa mission* », « *entendre tout sachant* », « *d'examiner et décrire les désordres affectant la réception* », « *indiquer quel est l'émetteur [...] qui crée ces désordres* »... Et la cour conclut en lui demandant de « *dire si seule la cessation de l'activité de cet ou ces émetteurs permettrait au voisinage de retrouver une réception, normale ou meilleure, des stations de la bande FM ou si d'autres mesures sont envisageables et si oui, lesquelles ?* »

Dans ce compte rendu, l'expert ne manque pas de rappeler que les diffuseurs renvoient la responsabilité sur le CSA. Car c'est aux radios, et non aux diffuseurs, que la fameuse haute autorité accorde les autorisations d'émettre. D'ailleurs, pendant longtemps, les Sans Radio se sont étonnés du manque d'implication de Radio France sur leur combat.

Il est intéressant de noter – a posteriori – que l'expert annonce qu'il se rapprochera de Radio France pour lui demander « *d'expliquer sa stratégie face à ce problème et [...] à l'arrêt de la diffusion de France Culture et de France Musique depuis la tour de Romainville, puis la diffusion temporaire de France Inter* ». En s'adressant à Radio France, l'expert a-t-il aussi levé un bout de solution ?

Quoi qu'il en soit, il rappelle qu'un nouveau plan de fréquences (sur la bande FM) « *est entré en vigueur en septembre 2007 [...] avec le transfert de TSF 89.9 MHz à la Tour Eiffel* ». Au passage, il confirme que la puissance apparente rayonnée (PAR) est ainsi passée de 40 000 W à 6 300 W. Tout en convenant, deux mois plus tard (le rapport est daté du 15 novembre 2007) que « *l'amélioration n'a pas encore été totalement caractérisée* ». L'expert souligne qu'il revient à « *l'ANFR[7] de prendre les mesures nécessaires pour assurer une bonne réception des signaux de radiodiffusion, rappelant l'article souvent cité par l'association (article 22 de la loi n° 86-1067)* ». Il se « *propose donc d'interroger également l'ANFR* ».

À la fin de cette première réunion, TDF annonce qu'elle a formé un pourvoi en cassation à la suite à la décision de la cour d'appel de Paris. Cela n'arrête nullement l'expert. Et quand la secrétaire de l'association lui demande de tenir compte des obligations de ses adhérents et de programmer les prochaines réunions le soir, il accepte. Et tiendra parole !

Fada de la Cada

Ah ! la Cada… Les administrateurs de l'association se souviendront de cette drôlerie bureaucratique. Quelle réunion ne se terminait pas sans qu'on évoque la Cada et ses lettres de report. Sans qu'on invoque monsieur Le Rendu, son secrétaire général, et ses courriers types. Insupportable ! Combien de temps aurons-nous perdu avec la Cada ?

Fada, elle nous rendra fada, la Cada !

De quoi s'agit-il ? La Commission d'accès aux documents administratifs est une autorité administrative prétendument indépendante chargée de veiller à la liberté d'accès aux documents administratifs et aux archives publiques ainsi qu'à la réutilisation des informations publiques. Je l'ai toujours imaginée cachée dans des locaux de Matignon, au fond du jardin de l'hôtel occupé par les services du Premier ministre, rue de

---

[7] Agence nationale des fréquences radio.

Varenne. Cette structure se présente comme un parangon de vertu démocratique : elle est censée assurer le libre accès aux documents administratifs. Magnifique objet ! C'est donc à elle que les Sans Radio, avec leur sidérante confiance dans les institutions de la République, se sont adressé, début 2006, pour obtenir des documents que le CSA refusait de nous communiquer.

Las ! La Cada nous fait part, par un premier courrier, d'un report de sa décision. Un deuxième, un mois plus tard, nous apprend qu'elle la reporte à nouveau. Un troisième, puis un quatrième… La Cada reporte, reporte encore ! Et avec quel argument ? La Cada a toujours besoin d'un supplément d'enquête. Et encore d'un nouveau supplément d'enquête. Nous subirons ainsi des reports successifs jusqu'à ce courrier d'avril 2007 (document joint) qui relève d'une littérature administrative proprement kafkaïenne. J'avoue que nous abandonnerons : c'était au-delà des forces d'une petite association comme la nôtre. Rien de la Cada. Nada !

Encore aujourd'hui, on peut s'inquiéter de ce fonctionnement. Voilà une instance typiquement française, une de plus, dite indépendante mais qui se cache dans les jupons du Premier ministre pour refouler les demandes, les reporter, avant de prendre parti pour le plus offrant.[8]

---

[8] C'est ainsi que dans une affaire autrement plus importante que la nôtre, le journal *Le Monde* s'est vu refuser, lui aussi, dans une enquête sur les dispositifs médicaux la consultation de certains documents. Comme le raconte *Télérama* du 28 novembre 2018, « *c'est pourtant la raison d'être* [de la Cada] ». Dans cette affaire, l'instance dite indépendante s'appuie sur la loi liberticide (une de plus) sur le secret des affaires, votée en 2018. Le journal a d'ailleurs décidé d'attaquer la Cada en justice.

COMMISSION D'ACCÈS
AUX DOCUMENTS ADMINISTRATIFS

Cada

Le Secrétaire général

Monsieur Michel LEON
Président de l'Association Les Sans Radio de l'Est Parisien
15 avenue de la Dhuys
93170 BAGNOLET

Paris, le 3 avril 2007

Références à rappeler : L/659/MJ
Dossier n° 20061165-LV

Monsieur le Président,

Je constate bien tardivement que vous n'avez pas reçu de réponse de ma part suite à votre courrier du 27 novembre 2006, je vous prie de bien vouloir m'en excuser.

S'agissant de la date de la séance indiquée sur l'avis, celle-ci est celle du 1er examen de votre affaire par la commission, mais l'avis tel qu'il vous a été notifié a été inscrit à la séance du 31 août 2006 et a donc en fait été émis par la CADA à cette date.

S'agissant des nouvelles demandes dont vous souhaitez saisir la CADA, je relève à titre préliminaire que vous avez été destinataire d'un courrier du CSA du 30 novembre 2006 qui semble répondre favorablement à votre demande. C'est pourquoi, j'aurais besoin aujourd'hui que vous me confirmiez que vous souhaitez toujours saisir la CADA d'une nouvelle demande d'avis.

Cependant, j'attire votre attention sur les deux points suivants :

- la CADA ne peut pas se prononcer à nouveau sur la demande que vous aviez faite au CSA le 9 décembre 2005. Elle a en effet épuisé sa compétence en rendant son avis 20061135. Si vous n'avez pas obtenu satisfaction à cet égard, vous devez saisir la juridiction administrative compétente. Dans l'hypothèse où ce sont d'autres documents dont vous vous voulez obtenir la communication, vous devez alors en faire la demande préalable, par écrit, au Conseil supérieur de l'audiovisuel et en cas de refus, exprès ou implicite (silence d'un mois), saisir la CADA d'une demande d'avis en joignant la copie de la demande d'avis, et le cas échéant, la copie du refus.

- pour que votre demande puisse être satisfaite sur le fondement de la loi du 17 juillet 1978, elle doit porter sur la communication de documents aussi précisément identifiés que possible. A cet égard, la demande de la réglementation sur un sujet donné ne saurait être satisfaite sur le fondement de ladite loi et la CADA est incompétente pour en connaître.

Je vous prie de croire, Monsieur le Président, à l'assurance de ma considération distinguée.

J.-P. LERENDU

2008

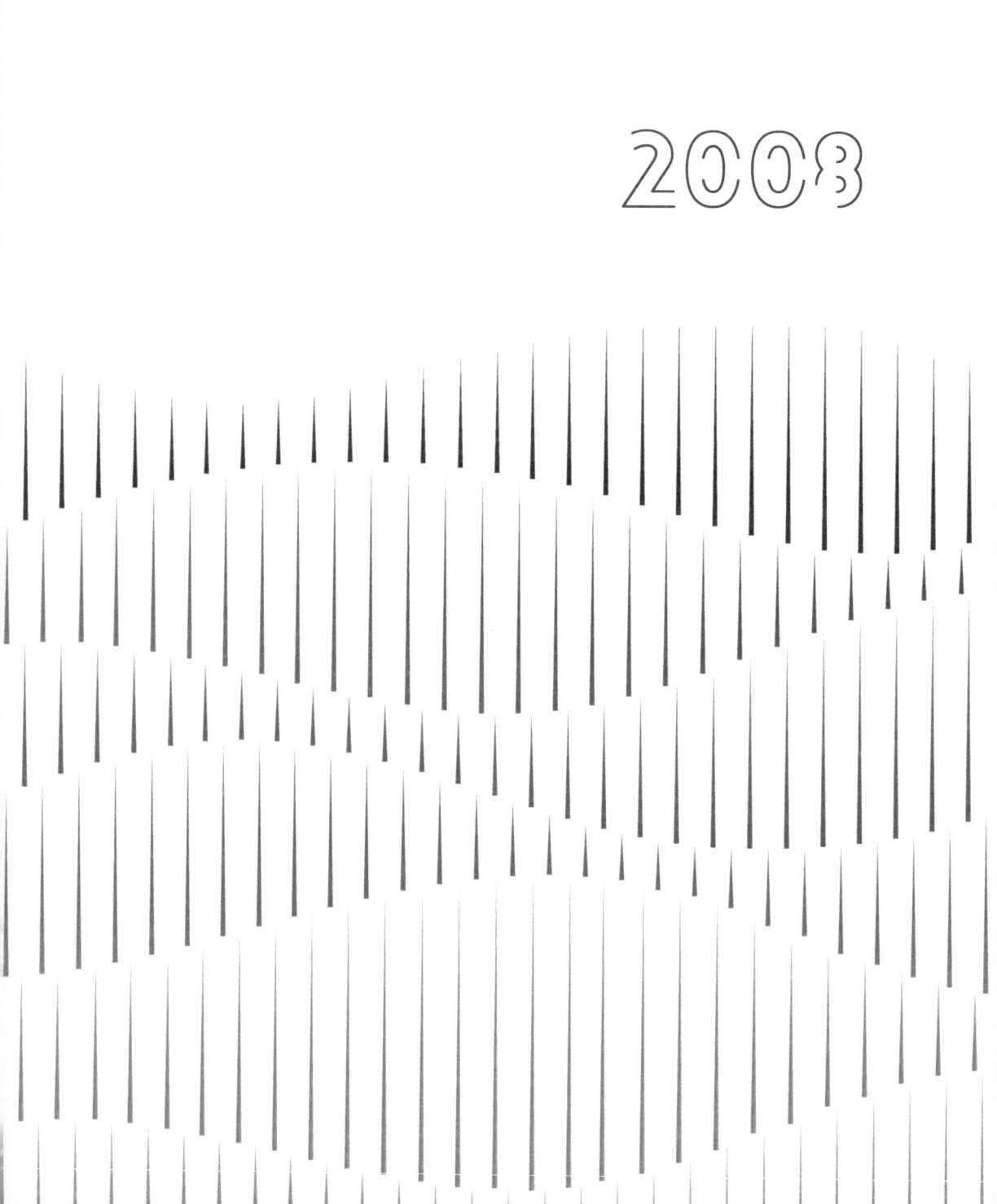

Sauf votre respect, monsieur l'expert

Drapé dans sa véhémence, l'avocat de TDF s'est, ce jour-là, trompé de scène... Si certains ont prétendu l'avoir vu débarquer à Bagnolet dans une limousine de luxe (une Rolls ?), chacun a convenu que passé le seuil de la mairie, il n'a cessé de porter le verbe haut, le bras facile, l'épaule vitupérante. N'en finissant pas de ses longues tirades. Cette deuxième réunion d'expertise, le 19 mars 2008, avait pourtant commencé dans une ambiance plutôt « bon enfant ». En revêtant ce costume de personnage de théâtre, caricatural, il déplut foncièrement à l'expert, qui le renvoya dans ses cordes.

Retour sur ce fameux épisode gravé dans la mémoire du bureau de l'association : décidé à réunir une deuxième et ultime fois les protagonistes du dossier, l'expert l'avait sollicitée : il lui avait demandé s'il était envisageable qu'elle prenne en charge l'organisation de cette nouvelle séance. Ne disposant d'aucun local, les Sans Radio se sont tournés vers le maire de Bagnolet. Sans hésiter une seconde, celui-ci leur ouvrit la magnifique salle des mariages de l'ancienne mairie. Avec ces tableaux bucoliques qui évoquent le temps jadis d'un Bagnolet des vignes et des champs.

Elle ne manquait pas de panache, ce 19 mars 2008, cette salle de la mairie où se côtoyaient, autour de l'expert, TowerCast, TDF, les membres des Sans Radio et quelques élus. Cette fois, IDF Media, le troisième diffuseur, s'était fait porter pâle (il ne fut plus jamais question de lui). Le CSA était cette fois de la partie.

Et c'est à partir de cette réunion que l'expert a rédigé sa note de synthèse, présentée à la cour d'appel.

L'expert, qui avait obtenu des documents du CSA, les présenta à l'assemblée. Mais ce sont les incessantes interruptions de l'avocat de TDF qui choquèrent. Celui-ci coupait systématiquement la parole à l'expert par de longues tirades. Toutes accompagnées de grands gestes de manches et surtout introduites d'un « *Sauf votre respect, monsieur l'expert !* ». L'assemblée ne savait plus trop s'il fallait en rire ou en pleurer. Ce jeu était totalement déplacé.

Répété une fois, répété deux fois... À la énième fois, il y eut un « *Sauf votre respect, monsieur l'expert !* » de trop : excédé par cette suffisance, celui-ci renvoya l'avocat de TDF à ses chères études !

L'association, elle, reste discrète ; elle ne s'exprime pas, pour laisser entière liberté à l'expert de travailler. D'autant qu'elle doit faire face à deux autres actions en justice que les opérateurs ont engagées contre elle… Mais, en fin de réunion, Corinne explose, poliment, mais fermement. En colère, elle demande à l'avocat de TDF de respecter les auditeurs de l'Est parisien et les membres des Sans Radio, parce que les habitants du 93 « *ne sont pas des moins que rien* ». Elle conclut en rappelant que, si sa présence à cette réunion lui est certainement cher payée, les membres des Sans Radio présents ont dû eux prendre une journée de congés pour y participer.

Le questionnaire des Sans radio

Pendant que l'expert rassemble les parties en présence et amasse les documents en vue de rédiger son rapport, l'association se lance de son côté dans un grand chantier : grâce à une centaine de réponses au questionnaire qu'elle a pu envoyer à toutes les adresses des signataires de la pétition qu'elle avait conservées, elle se met, à partir de novembre 2007,

à dresser une carte de la gêne des auditeurs de la zone de brouillage. Elle obtient une image précise de celle-ci, qui prend en compte le transfert à la tour Eiffel de la station la plus « parasitante » (TSF 89.9). Ce départ, censé parachever la mise en œuvre d'un nouveau plan de fréquences de la région parisienne, devait optimiser la situation. Ce ne fut pas le cas. Quant aux stations difficiles à capter, le questionnaire confirma que c'était principalement – on s'en doute ! –, France Inter et France Culture, mais aussi France Musique, RFI, Rire et Chansons, BFM, TSF, Radio J, Radio-Orient ou Chante France. Ce fut aussi l'occasion de constater que, dans la majorité des cas, les auditeurs utilisaient des postes de radio classiques. Voire, dans plus de la moitié des cas, des chaînes hifi, et parfois des chaînes haut de gamme. Finalement, en accord avec son conseil, l'association a décidé de ne pas utiliser cette carte et a attendu, sereine, les résultats de l'expertise.

Un recours en rétractation, un pourvoi en cassation, et puis quoi encore !

Une procédure en rétractation, rareté du paysage juridique français ! Pourtant, certains opérateurs n'ont pas hésité et y ont eu recours contre l'association. Prétextant que des faits importants – ils font allusion à la réorganisation par le CSA des fréquences sur la bande FM intervenue en septembre 2007 – étaient survenus depuis la nomination de l'expert par la cour d'appel, ils ont eu l'audace, un an plus tard, de demander à la cour… de se rétracter ! C'est-à-dire de revenir sur sa décision et, pendant qu'on y était, de condamner l'association. Las ! La justice ne les a pas suivis et ce sont les diffuseurs qui ont été condamnés, par un arrêt cinglant, prononcé le 20 juin 2008, à verser une indemnité importante aux Sans Radio pour procédure abusive !

Pour l'association, il s'agissait de la troisième procédure en justice depuis 2006 et l'échec des négociations avec le CSA et les opérateurs : la première au tribunal de grande instance, la seconde auprès de la cour d'appel qui décida de la nomination de l'expert.

Mais les Sans Radio n'en avaient pas, pour autant, fini avec la justice, puisque, dans la foulée, certains opérateurs ont cru bon d'engager contre elle et contre l'arrêt de la cour d'appel du 22 juin 2007, un… pourvoi en cassation ! Le 28 janvier 2009, elle en est libérée, la Cour de cassation rejetant cette demande de pourvoi, condamnant ses auteurs une nouvelle fois à verser des indemnités. Mais avant… l'expert avait remis son rapport !

Le moment était venu pour le mouvement des Sans Radio d'observer une pause pour réfléchir.

Quand l'expert remet son rapport

En août 2008, l'expert remet son rapport à la cour d'appel : l'association constate immédiatement que son travail va bien au-delà des 4 000 euros qu'il a touchés. Et ses conclusions sont tranchées…

À la première question du tribunal sur « *le relevé de réception et de qualité radio des fréquences radio de la bande FM* », l'expert répond : « *Les mesures subjectives, effectuées par le CSA, montrent que les auditeurs dans la zone de 1,8 km environ autour des Mercuriales sont susceptibles de ne pas recevoir dans de bonnes conditions plus du tiers des 48 radios parisiennes.* » C'est clair et sans bavures. Cette zone correspond d'ailleurs aux investigations de l'association et à la carte de la gêne des auditeurs établie à partir de son questionnaire.

À la deuxième question sur « *les désordres affectant la réception radio dans cette zone* », l'expert constate qu'ils « *sont dus dans cette zone, pour l'essentiel, à l'existence d'un champ fort généré par les émetteurs situés sur les tours Mercuriales* ».

À la troisième question, qui est de savoir « *quel est l'émetteur ou quels sont les émetteurs exploités par la société TDF et/ou la société TowerCast et/ou la société IDF Media sur les tours Mercuriales ou Gallieni qui crée(nt) ces désordres dans leur voisinage* », l'expert répond : « *L'ensemble des émetteurs de TowerCast et de TDF sur les Mercuriales sont à l'origine des désordres constatés dans la zone perturbée.* »

Enfin, à la quatrième question, où il s'agissait de dire si « *seule la cessation de l'activité de cet ou ces émetteurs permettrait au voisinage de retrouver une réception, normale ou meilleure, des stations de la bande FM ou si d'autres mesures sont envisageables et si oui, lesquelles ?* », l'expert répond : « *Oui, l'arrêt des émissions depuis les Mercuriales supprimerait les problèmes de réception dans la zone perturbée.* » Il propose de « *faciliter l'accès à la radio numérique aux auditeurs gênés par les difficultés de réception de la bande FM dans l'Est parisien* ». Cette fois, l'association a enfin eu la conviction qu'il se passait quelque chose !

2009

Tous réunis à la mairie de Paris

Désordres connus, responsables nommés... Mais, sept ans après, toujours pas de radio ! Alors comment obtenir réparation ? Une nouvelle étape du combat s'impose. En s'appuyant sur le constat – indiscutable – de l'expert judiciaire, les Sans Radio commencent à étudier les modalités d'un engagement collectif de citoyens pour exiger une solution : repartir en justice, au-delà de l'expertise, mais y aller en nombre !

Comme si la voie judiciaire leur réussissait, le rejet du pourvoi engagé par les opérateurs par la Cour de cassation, au début de l'année 2009, les y encourage.

L'association multiplie les échanges, en particulier avec Anne Hidalgo, alors première adjointe au maire de Paris. La future maire a écrit à l'association pour lui faire part de son soutien.

Dans le prolongement de ces contacts, l'association convient d'une initiative avec la mairie de Paris (la Ville gère non seulement la tour Eiffel et ses antennes, mais compte le plus de victimes et d'adhérents à l'association) et le conseil général de la Seine-Saint-Denis : toujours soucieux de leur intercommunalité et de leurs attaches citoyennes, les Sans Radio suggèrent à Jean-Bernard Bros, un autre adjoint au maire de Paris concerné, ainsi qu'à Claude Bartolone, à l'époque président du conseil général, d'organiser une table ronde de concertation avec l'ensemble des collectivités concernées.

Un tel projet met beaucoup de temps à se concrétiser, mais, le 2 avril 2009, se tient à la mairie de Paris, grâce à l'opiniâtreté des deux élus et des collaborateurs de leurs cabinets respectifs, cette réunion de concertation entre des représentants de toutes les collectivités et l'association.

Les administrateurs de l'association sont tous impressionnés par cet aréopage d'édiles. Toutes les collectivités concernées ont envoyé un représentant. S'assoient côte à côte des élus comme Nathalie Kaufmann pour le conseil régional, Julien Bargeton, au titre de la mairie du 20e, Raymond Cukier de Romainville, Gilles Robel de Montreuil, Étienne Dabedie du 19e, des assistants, comme Olivier Gangnard auprès du cabinet du maire de Paris, Thomas Chevandier de la députée du 20e arrondissement George Pau-Langevin, Élodie Lamouroux du conseiller de Paris Pierre Mansat, Nicolas Laidet de la ville des Lilas, et aussi la mairie de Bagnolet par l'intermédiaire de Corinne, devenue maire adjointe chargée de la vie associative, etc.

Les Sans Radio ouvrent l'ordre du jour avec une présentation du dossier : il ne faut pas évaluer le dossier à l'aune de sa longévité ! La question posée est simple : chacun connaît dans sa collectivité des usagers qui se plaignent de ne pas pouvoir écouter la radio. Et les nuisances sont désormais décrites avec précision dans le constat de l'expert judiciaire. En conclusion de sa présentation, l'association informe l'assemblée que, si aucune autre solution ne se dégage rapidement, elle a l'intention d'engager une nouvelle action en justice collective qui réunira autant de citoyens plaignants que possible.

Méprisée, mal considérée, elle a l'impression de se « faire balader » Et ne peut pas compter sur un vrai dialogue avec les autorités et les opérateurs…

Un élu demande un dossier technique à mettre sur le site Internet de la Ville de Paris, un autre évoque une « *indemnité* » qui serait versée par les opérateurs des Mercuriales aux auditeurs lésés. Chacun rappelle les vœux votés par les instances et leur inefficacité. Claude Bartolone propose de mettre la pression et « *d'ennuyer le plus possible le CSA et les opérateurs qui jouent la montre* ». Il est aussi question de l'hypothétique radio numérique terrestre : cette RNT, censée remédier aux problèmes de réception de la FM, devrait faire, chacun en convient, l'objet d'une expérimentation pilote sur la zone[9].

Peu après, en juin, Jean-Bernard Bros et Claude Bartolone écrivent à Michel Boyon, le nouveau président du CSA : « *Nous sommes aujourd'hui au terme d'un cycle de sept ans de mobilisation marquée par trois actions en justice assorties d'une expertise judiciaire. Il est désormais admis que 200 000 personnes sont privées des radios du service public et que les sociétés TDF et TowerCast sont en grande partie responsables de cette situation* […]. *À ce jour le CSA n'a pas répondu de manière satisfaisante à cette situation, c'est pour cette raison que nous avons l'honneur de vous demander une audience* […]. »

---

[9] Une technologie de ce type avait déjà été implémentée sur la région parisienne dans les années 1990 et jusqu'à l'été 2007 : le DAB (*Digital Audio Broadcasting*). Mais peu de gens y recouraient pour écouter la radio, faute du matériel adéquat et aussi, tout simplement, de connaissance de son existence. La technologie DAB+, dont il sera question plus loin, en est la fille. Voir chapitre « La suite de l'histoire à travers un autre regard ».

2010

Une boîte aux lettres

De cette période, il faut se souvenir, six ans après la naissance des Sans Radio, d'une boîte aux lettres : celle du siège de l'association, au domicile du président, remplie d'enveloppes de renouvellement d'adhésions, en ce début d'année, de mandats de vote avant les assemblées générales ou des soutiens et encouragements à poursuivre le combat. Tous ces messages expriment, avec des mots touchants parfois, qu'ici, dans ce quartier autour de la porte de Bagnolet, un trouble perdure qui prive des milliers d'auditeurs, de citoyens, de l'écoute de leurs stations de radios : un geste simple pour s'informer, se cultiver et se distraire dont ils sont privés ! Un droit d'accès au service public qui leur est refusé !

LA SUITE DE L'HISTOIRE À TRAVERS UN AUTRE REGARD

Jean-Michel Blengino est devenu administrateur de l'association en novembre 2012. Il a souhaité contribuer à ce récit par un texte plus personnel. Il fait ici part de sa vision du combat des Sans Radio et l'association l'en remercie.

La radio d'un mélomane exigeant

La radio m'accompagne depuis mon enfance. C'était l'époque où, en France, on n'avait pas beaucoup d'autres choix que le service public, si l'on exceptait les radios périphériques, qui l'étaient justement puisque, le monopole faisant loi, elles émettaient depuis l'extérieur des frontières. À l'adolescence, me passionnant pour l'histoire, j'écoutais le samedi soir la mythique *Tribune* du même nom d'André Castelot, Alain Decaux et Jean-François Chiappe sur France Inter. Puis je me suis intéressé à la musique classique et je me suis fait ma culture musicale avec France Musique, l'émission *La Tribune des critiques de disques* d'Armand Panigel en premier lieu, mais aussi avec les retransmissions de concerts venant du monde entier, de Vienne, de Salzbourg, de Berlin, de Milan, de New York… et de France bien entendu, aussi. Je me constituais une cassettothèque d'enregistrements introuvables à la Fnac ou ailleurs, parce que c'étaient précisément des enregistrements non commerciaux.

En 1981, est arrivée la suppression du monopole de l'Audiovisuel public. L'écoute est devenue plus difficile, la bande FM étant rapidement à saturation. Dans la vallée de Montmorency (Val-d'Oise), où j'habitais alors, il était heureux que Radio France eût lancé un émetteur de secours (92.1 MHz) à Romainville (Seine-Saint-Denis), car ce que les ondes nous apportaient depuis la tour Eiffel à quelque 97 ou 98 MHz ne rendait plus du tout justice « au beau son de France Musique » revendiqué par les producteurs. Amoureux des instruments, de l'orchestre et surtout des voix, j'avais même acquis un enregistreur numérique DAT (*Digital Audio Tape*) dès le début des années quatre-vingt-dix, las de l'agaçant « pleurage et scintillement » qui affectait les « platines K7 » les plus sophistiquées.

Puis j'ai commencé à enregistrer directement le signal analogique sur mon ordinateur, utilisant l'entrée ligne de la carte son. Je scrutais chaque semaine les programmes de France Musique sur *Télérama*, avide de nouveaux concerts « introuvables » à ajouter à ma collection. Las ! Un « beau jour » de l'an 2000, plus de signal à 92.1. Il fallut me rabattre sur l'autre fréquence, à 91.7. Quelque temps plus tôt, j'avais envoyé un courriel à Radio France (les courriels balbutiaient encore, c'était avant l'ADSL) pour signaler une baisse du niveau sonore de France Musique : à l'époque, on m'avait répondu fort aimablement qu'il s'agissait d'un dysfonctionnement du modulateur/démodulateur de la chaîne, sur lequel on me remerciait d'avoir attiré l'attention. Pensant qu'il s'agissait d'un problème du même genre et ne m'inquiétant pas outre-mesure, je réitérai. Cette fois-ci, pas de réponse. J'écrivis à TDF, qui me répondit que justement ils ne pouvaient rien me dire : ce dossier était « *politique* », et « *Radio France leur avait interdit toute communication à ce sujet* ».

C'est à cette époque que je pris la décision de quitter le Val-d'Oise et de venir vivre dans Paris intra-muros, afin de ne plus être en butte aux problèmes de transport récurrents en banlieue parisienne, que ce soit pour me rendre sur mon lieu de travail, ou pour aller aux spectacles (et surtout en revenir). Je trouvai un appartement dans le vingtième arrondissement, très exactement à deux pas des tours Mercuriales, au niveau de la place Édith-Piaf, près de la porte de Bagnolet. Empruntant en voiture de temps en temps le Boulevard périphérique, je m'étais rendu compte que les chaînes du groupe Radio France, les seules que j'écoutais, se brouillaient à l'approche de cette zone. Je m'en étais inquiété, m'étais renseigné sur le problème, et avais découvert l'origine de la situation. Mais le vendeur m'avait assuré que le logement était relié à une antenne satellite. En m'installant, je découvris qu'il n'en était rien. Lorsque je branchai ma chaîne hifi, et que je raccordai le tuner à l'antenne FM du toit, je constatai ce que je subodorais : même si, au bas de l'immeuble, l'autoradio de ma voiture paraissait les recevoir correctement, mon équipement audiophile ne captait que de la friture en guise de stations de Radio France !

Du DAB...

Je ne me décourageai pas pour autant, tant recevoir les radios du service public était presque vital pour moi. Je me fis élire au conseil syndical de l'immeuble, et tentai d'obtenir de Noos, successeur de la Lyonnaise des Eaux, l'opérateur auquel la municipalité chiraquienne avait jadis confié les rênes de la diffusion audiovisuelle par câble dans la capitale, de nous raccorder. Je réussis, à force d'obstination, car notre petit marché ne les intéressait pas. Cela prit des années. Mais, par ailleurs, une recherche rapide sur Google m'a fait découvrir l'existence d'une diffusion radiophonique sur Paris et sa région en DAB.

Qu'était-ce donc que ce *Digital Audio Broadcasting* ? Il s'agissait d'un système de radiodiffusion numérique développé et standardisé au départ par le projet européen EUREKA 147, qui était expérimenté en France depuis les années 1990, réunissant un certain nombre de radios au début, et de moins en moins par la suite, si bien qu'en 2003, année où je vins habiter Paris, il n'y avait plus qu'un seul multiplex (un « bloc » de stations, si vous voulez) actif, celui de Radio France, avec ses sept stations. Plus qu'il ne m'en fallait !

Aussitôt je m'équipai d'un récepteur d'une grande marque japonaise (pour un coût de 850 euros – pas rien !), muni d'une sortie numérique optique. Il s'agissait de recueillir le signal sans passer par une étape analogique susceptible de déformer ou distordre le son. Comme cela ne fonctionnait pas parfaitement avec l'antenne fournie, j'en achetai une autre, munie d'un amplificateur auprès d'une société spécialisée dans la radio numérique, pour une dépense globale de quelque 1 000 euros. Et cela fonctionna correctement durant quelques années. À Noël 2005, le signal disparut complètement. Nous fûmes plusieurs à le signaler à Radio France, qui le rétablit presque instantanément. À l'été 2007, nouveau problème. Je contactai à nouveau

l'avenue du Président-Kennedy. « *Ah ! Vous écoutez le DAB ?* », s'étonna mon interlocuteur. Et magie. Le multiplex réapparut. Ce fut la dernière fois.

Dans les premiers jours de septembre 2007, à la veille d'un départ en vacances, j'allumai mon récepteur. J'y trouvai bien l'ombre de la porteuse « France Musique » ; mais aucun son. Je crus à un nouveau dysfonctionnement, mais dix jours plus tard, lorsque je revins à Paris, il n'y avait encore et toujours que le silence. En visitant le site Internet de Radio France, je découvris une *news*, qui devait dire à peu près ceci : « *La diffusion des stations de Radio France a été interrompue pour faire place à des essais en vue de l'implémentation de la nouvelle Radio numérique terrestre (RNT), qui devrait arriver pour Noël 2008.* »

...au T-DMB

Je me rendis sur des forums, où je relevai que les sept chaînes de Radio France étaient à présent diffusées, dans le cadre de ces tests, dans le standard T-DMB. Wikipédia eut tôt fait de me renseigner sur ce que pouvaient signifier ces quatre lettres. *Terrestrial Digital Multimedia Broadcasting* : il s'agissait d'un autre standard numérique, coréen celui-ci, qui permettait de véhiculer du son en même temps que des images et du texte. Il avait été choisi par Christine Albanel, ministre de la Culture et de la Communication du gouvernement Fillon, pour être le standard de la RNT dans l'Hexagone. Un choix hérétique et décrié par la quasi-unanimité des professionnels du secteur : il allait à l'encontre des choix effectués par nos voisins belges, allemands, suisses, britanniques, pour ne pas parler de l'Europe du Nord et scandinave. À savoir le DAB+, évolution du DAB. Je me procurai aussitôt sur Internet un récepteur USB conçu et commercialisé outre-Rhin, mais fabriqué… en Corée ! Reçu fin octobre 2007, je constatai qu'en guise de Radio France, il n'y avait que France Inter et France Info, et qu'en matière de « grande musique », il n'y avait guère que Radio Classique, la radio économico-musicale. Foin de ma chère France Musique !

Je décidai alors de contacter le médiateur de Radio France, Pascal Delannoy, qui ne répondit jamais à mes missives successives. Puis, le conseiller chargé du dossier au Conseil supérieur de l'audiovisuel, Rachid Arhab, lui aussi ancien journaliste. Sans davantage de succès. C'est alors que je rejoignis les Sans Radio.

Un recours : les Sans Radio…

Par le passé, j'avais été très épisodiquement en contact avec leur président, Michel Léon, mais comme j'avais avec le DAB « ancienne mode » trouvé une solution qui correspondait plus que largement à mes besoins, je n'avais pas donné suite à ses propositions d'adhésion à l'association. Il faut dire que leur combat me paraissait vraiment d'arrière-garde : la modulation de fréquence ne valait pas, pour moi, la peine de se battre : ce mode de diffusion était, de mon point de vue, archaïque, obsolète, et surtout pas satisfaisant pour l'audiophile, avec toutes les perturbations afférentes diverses et variées. Même sans tours Mercuriales à proximité, la qualité de réception en FM dépend de l'orientation du récepteur, de l'angle d'inclinaison à l'antenne… Et dans le mouvement lent d'une symphonie de Schubert, adagio, si vous tendez l'oreille, et parfois sans avoir besoin de le faire, vous entendez la bien désagréable « friture ».

...et un espoir, le signal numérique

Mon espoir était le signal numérique, le seul qui ne fût pas sensible aux perturbations environnementales, – tant il est vrai qu'en FM, même le discret passage d'une personne, voire du chat, devant le récepteur peut tout chambouler –, et offre une qualité équivalente à celle du CD. Je voulais me battre pour cela au sein des Sans Radio, pour obtenir un signal numérique accessible à tous, et pas seulement aux *happy few* qui peuvent se permettre d'investir 1 000 euros dans un tuner et une antenne. Un peu avant l'époque où j'adhérai à l'association, le président du CSA, Michel Boyon, avait écrit à Michel Léon que, justement, il suffisait de patienter un peu, car sous peu la « *future radio numérique terrestre* » apporterait LA solution aux problèmes de réception sur le Vingtième, Bagnolet et Les Lilas. Je m'employai à tenter de convaincre Michel et les autres : il ne servait à rien de s'agripper à la modulation de fréquence. Non seulement c'était une technique du passé, mais surtout mes nouveaux amis n'avaient aucune chance d'obtenir la cessation de la diffusion de toutes ces radios émises depuis les Mercuriales, en privant du même coup toute la région parisienne. Même en invoquant la continuité du service public. Juste pour la satisfaction de quelques malheureux Gaulois irréductibles, qui voulaient pouvoir écouter les sept chaînes de Radio France dans l'enceinte de leur village.

Mes arguments étaient heureusement soutenus au sein de l'association par Julien Hirszowski, ancien maître de conférences en physique à l'université Pierre-et-Marie-Curie (Paris-6), passionné par les nouvelles technologies de communication… et désireux de pouvoir écouter la radio. En auditeur tout simplement – plus éclectique que moi !

La radio numérique nous avait été annoncée pour Noël 2008, puis pour Noël 2009, puis pour… les calendes grecques. Finalement, en 2012, une date « ferme et définitive » était avancée : juin 2014. Le président de Radio France, Jean-Luc Hees, ne disait-il pas dans la presse que « *l'avenir de Radio France est dans la radio numérique terrestre* » ? Du reste, une expérience de RNT avait été lancée dans la bonne ville de Nantes, préfigurant l'étape des grandes métropoles, avant un éventuel maillage national. Au début de mai, je découvris que le maire de cette ville, Jean-Marc Ayrault, partait favori comme futur Premier ministre en cas de victoire de la gauche au soir du 6 mai 2012. C'est donc le cœur léger et confiant dans le retour de

Radio France dans mon quartier que je déposai mon bulletin dans l'urne.

Déboires et circonvolutions

Las ! Il me fallut vite déchanter. Dès juillet 2012, Aurélie Filippetti, ministre de la Culture et de la Communication du gouvernement Ayrault, annonçait que le groupe Radio France ne participerait pas, officiellement pour des raisons d'économies budgétaires et de résorption des déficits (croyait-on complaire ainsi à Mme Merkel ?[10]), à l'aventure de la radio numérique terrestre. Son lancement en juin 2014 n'était pas remis en cause pour les autres opérateurs.

En fait, en grattant un peu, il apparaissait qu'un certain David Kessler, haut fonctionnaire, conseiller « médias et culture » du nouveau président de la République (qui devait, par la suite, céder sa place à… Audrey Azoulay) était l'auteur d'un rapport sulfureux : il y avait fermement exprimé son avis, déconseillant l'entrée du groupe public dans l'ère numérique. Il le justifiait, cet avis, par d'obscures raisons commerciales : principalement l'hostilité à la RNT de grands groupes radiophoniques (dont les « radios périphériques » d'avant 1981).

Force est de constater que la radio numérique hertzienne (RNT) ne permet pas de pister l'auditeur comme peut le faire un flux Internet (IP). Les possibilités d'études de marketing y sont limitées.

De quoi se féliciter de ce qu'Internet n'existait pas le 18 juin 1940 !

Le bloc préempté sur les ondes pour émettre en RNT Radio France – du temps de Frédéric Mitterrand ! –, redevenait libre. Jean-Luc Hees, de son côté, restait imperturbable, n'hésitant pas, suivant le souffle du vent, à se renier en déclarant : « *L'avenir de Radio France est dans l'IP.* » C'est-à-dire la radio diffusée par le Web.

Aux Sans Radio, nous ne voulions pas de cette solution. Pour deux raisons : d'une part, la continuité du signal n'est jamais assurée avec cette technique où les coupures sont fréquentes et imprévisibles – cf. p. 52 *The Best-Effort Delivery* ; d'autre part, la qualité du signal était primordiale

---

[10] Notons que l'Allemagne est l'un des pays moteurs en Europe en matière de radio numérique terrestre. Toutes les radios publiques, regroupées au sein de l'ARD (*Arbeitsgemeinschaft der öffentlich-rechtlichen Rundfunkanstalten der Bundesrepublik Deutschland*, Groupement des sociétés de radiodiffusion publique de la République fédérale d'Allemagne) sont dans la RNT, en DAB+. Et on y trouve des postes en vente absolument partout.

pour moi ; or, le son de ces webradios, transféré sur une chaîne hifi, est toujours dégradé ou *low grade*.

J'étais entré en novembre 2012 au conseil d'administration des Sans Radio, et restais bien décidé – encore et toujours – à faire avancer le dossier de la RNT. De mon côté, j'avais découvert d'autres solutions pour écouter correctement la radio. Par exemple les box qui proposent des services de diffusion de la radio (non webradio) en parallèle de celle de la télévision. Ou, pour ceux qui habitaient Paris intra-muros et dont le logement était relié au câble, l'utilisation du service antenne de l'opérateur Numéricable (ex-Lyonnaise des Eaux puis Noos, à présent uni pour le meilleur et pour le pire à SFR). Ce service reprend en DVB-T (standard de la TNT) dix radios, parmi lesquelles, pour Radio France, France Inter et France Info. Mais aussi en DVB-C (standard du câble) une quarantaine de radios (dont toutes celles de Radio France), reprises du satellite Astra 19°2 (Canalsat), mais de manière non cryptée. En novembre 2013, Julien et moi-même proposâmes d'ailleurs un petit guide à nos adhérents pour comprendre ces différentes technologies. Mais la mise en place de tels « moyens alternatifs » nécessitait un petit investissement, et d'être, au minimum, un peu « branché ».

Car nous avions compris à l'association qu'il ne fallait rien attendre de ce nouveau gouvernement en matière de diffusion hertzienne, qu'elle fût numérique ou analogique. En mars 2013, nous avions reçu d'Aurélie Filippetti, en réponse à une lettre dans laquelle, évoquant la possibilité d'une diffusion en RNT, nous lui demandions d'être la ministre qui refermerait enfin ce dossier vieux de plus de dix ans, une fin de non-recevoir. Le ministère nous conseillait « *le repli de l'antenne de réception ou la pose d'un atténuateur* », nous renvoyant au petit guide édité des années plus tôt par le CSA. (Cf. p. 55 *Quand le CSA fait rire jaune !*)[11]

Le 28 février 2014, grâce au soutien de plusieurs élus de nos quartiers, dont Fanélie Carrey-Conte, députée du 20e arrondissement, quelques administrateurs des Sans Radio purent rencontrer, par un après-midi pluvieux, plusieurs agents du Conseil supérieur de l'audiovisuel, dont Franck Lebeugle,

---

[11] Le Président de la République de l'époque, François Hollande, a occupé après son départ de l'Élysée une maison à la Campagne à Paris, à quelques dizaines de mètres de l'immeuble où je vis. Il a alors dû faire régulièrement l'expérience de ce que nous dénoncions à sa ministre de la Culture. On ne saura sans doute jamais si ce n'est qu'à son arrivée dans le quartier qu'il a découvert ce « trouble de voisinage »…

directeur des technologies de la haute autorité. C'est lui qui, par le passé, avait conduit le passage de la télévision au tout numérique. Lorsqu'après avoir invoqué les fameuses équations de Maxwell, qui gouvernent l'électromagnétisme et joueraient contre nous de manière impitoyable, il nous eut assuré, ne faisant que confirmer ce dont j'étais bien persuadé, qu'il était illusoire d'espérer obtenir la cessation du trouble causé sur la diffusion hertzienne analogique par les émetteurs placés au-dessus des tours Mercuriales, les enjeux en termes d'auditeurs étant trop importants, nous abordâmes le sujet du numérique.

D'abord, nous proposâmes de mettre les sept radios publiques sur la télévision numérique terrestre en DVB-T. Un peu comme l'avait fait Numericable sur son service antenne. On nous répondit que cela n'était pas possible : les ressources de la bande TNT étaient limitées, et une partie allait être allouée à la 4G qui pointait. C'est alors que nous présentâmes une deuxième proposition : créer une microzone en RNT autour des tours Mercuriales.

Une avancée en vue

« *C'est tout à fait possible* », s'écria Franck Lebeugle. « *Je vous encourage d'ailleurs à en parler à Radio France !* » Surprise de notre part… C'était donc à nous, citoyens et adhérents de cette association, qu'il revenait de faire des propositions techniques à ce technicien. À nous, victimes, de trouver le remède ! Nous en étions un peu abasourdis !

Mais l'avancée était certaine : la réunion se tenait à un étage élevé du siège du Conseil, sur un côté de la Seine, presque en vis-à-vis de la Maison de la radio, sur l'autre rive. Après l'orage, un superbe arc-en-ciel se dessinait dans le ciel parisien. Était-ce de bon augure pour l'issue de notre combat ?

La veille de cette rencontre, nous avions appris que le mandat de Jean-Luc Hees, candidat à sa propre succession comme président de Radio France, n'avait pas été renouvelé. Le CSA lui avait préféré Mathieu Gallet, 37 ans, président de l'Institut national de l'audiovisuel (INA). Peut-être le jeune nouveau président aurait-il sur ce dossier un regard différent de celui de ses prédécesseurs ?

Alertant encore nos élus, nous avons obtenu, dans les tout premiers jours de septembre 2014, un rendez-vous à Radio France. Deux mois plutôt, le 20 juin 2014, la RNT avait commencé à émettre sur Paris, mais sans le service public, bien entendu. Le standard T-DMB, sans être complètement écarté, avait été largement supplanté par le DAB+ (une seule radio sur cinquante-huit émettait selon la technique coréenne). Nous ne fûmes pas reçus dans le bureau de Mathieu Gallet, dont les boiseries allaient bientôt défrayer la chronique, mais dans celui de Jean-Michel Kandin, directeur général adjoint, chargé des techniques et technologies nouvelles, en présence de Tony di Martino, maire de Bagnolet. Jean-Michel Kandin avait été, nous dit-il, de ceux qui participèrent à l'aventure du DAB dans les années 1990. L'atmosphère, presque glaciale au début, se réchauffa graduellement, tant et si bien qu'on nous proposa une visite des studios tout juste refaits à neuf de la Maison de la radio. Nous convînmes de suggérer au « pollueur des ondes », TowerCast, exploitant des antennes coupables, de prendre à sa charge la diffusion en numérique des diffusions de Radio France. Jean-Michel Kandin se proposait d'intervenir en ce sens auprès de ses homologues de TowerCast. Il nous demandait seulement de lui offrir un « *carambar sous cloche* » le jour où la démarche serait couronnée de succès !

L'affaire mit encore presque deux ans à se concrétiser. Il n'est pas dans mon propos de donner ici le détail des multiples et futures discussions.

Assez rapidement, nous fûmes en mesure de « lancer des signaux » optimistes en direction de nos adhérents. Au début de l'été 2016, les ondes de Radio France revinrent arroser l'Est parisien… en DAB+. Même s'il fallut s'équiper de récepteurs récents équipés de cette nouvelle technologie, cela fit beaucoup d'heureux !

Et on ne parla plus jamais d'action en justice.

LE DÉNOUEMENT : ENTRETIEN AVEC JULIEN HIRSZOWSKI

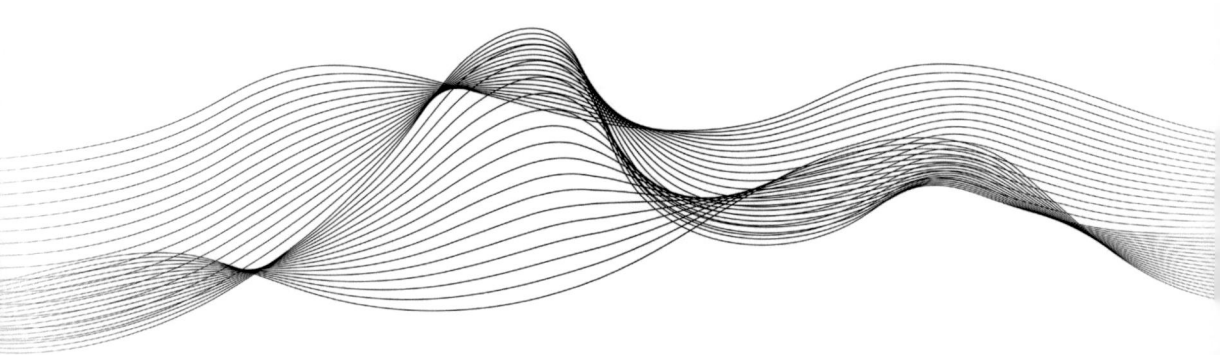

Julien Hirszowski s'est rapproché des Sans Radio en 2006, puis en est devenu administrateur. Enseignant-chercheur en physique à l'université Paris-6, il bénéficiait là d'un poste d'observation incomparable et n'a jamais manqué de faire bénéficier humblement l'association de ses connaissances. Il a largement contribué à la qualité de son argumentaire, puis à la recherche d'une solution. Avec Jean-Michel Blengino, il a émis un scénario pour sortir du conflit avec le CSA et les opérateurs. Il en témoigne ici.

Un universitaire à la rescousse

Au fil de son aventure, une association comme les Sans Radio de l'Est parisien peut rencontrer sa part de miracle… Ainsi, en 2006, apparaîtra Julien Hirszowski, qui se présentera au conseil d'administration. Un Parisien discret, posé, mais dont nous avons pu apprécier l'extrême efficacité à toutes occasions… Pour tout dire, nous n'aurions certainement pas pu aller aussi loin dans notre lutte si Julien Hirszowski, maître de conférences à Paris-6, féru du monde des ondes et savant du mystère de la radio, ne nous avait pas rejoints et accompagnés depuis. Ses informations et ses analyses l'imposèrent très vite parmi nous comme un « sachant ». C'est ainsi qu'on vit souvent arriver Julien en conseil d'administration avec des infos qui nous bluffaient tous ! Lui savait avant tout le monde les décisions du CSA, les déplacements de fréquences… En relation avec les pros du secteur, les spécialistes du mégahertz, il nous a plus d'une fois bluffés en nous apprenant comment la bande FM allait évoluer dans les six prochains mois. Il aura été d'un recours inestimable. Jamais pris en défaut, Julien nous a apporté la caution scientifique sans laquelle notre combat n'aurait été qu'une agitation sans fondement. Avec Jean-Michel Blengino, lui aussi passionné par la radiodiffusion et l'écoute de qualité, Julien n'a jamais manqué nos rendez-vous, conseils d'administration, assemblées générales, au cours desquels il s'exprimait toujours avec précision.

Comment ne pas se souvenir de cette rencontre à la Maison ronde, en septembre 2014, en présence du maire de Bagnolet, Tony Di Martino, avec le directeur des services techniques de Radio France ? Cet ancien de Tower Cast était certainement convaincu d'avoir affaire à des béotiens. Peut-être. Mais ce n'était pas le cas de Julien.

Dans quelles circonstances avez-vous rejoint les Sans Radio ?

J'avais appris par la presse, en 2005, l'existence de la pétition dénonçant les problèmes de réception de la bande FM dans l'Est parisien ; je l'ai signée. Découvrant l'étendue du problème, j'ai voulu contribuer plus activement et j'ai rejoint l'association en 2006.

Le brouillage de la FM avait empêché ma mère, la dernière année de sa vie, d'écouter la radio la nuit durant ses insomnies et l'avait privée du plaisir d'entendre les émissions diffusées le jour dans sa langue maternelle par une station de la bande FM.

De mon côté j'avais été confronté dès les années 80 à ces problèmes de brouillages quand j'habitais derrière la place des Fêtes à deux cents mètres de l'antenne de Radio NRJ. Je pouvais entendre cette station à la place d'autres sur plusieurs fréquences de la bande FM, et même dans le téléphone. NRJ émettait volontairement avec une puissance démesurée (par rapport aux 500 watts autorisés alors), au point que la Haute Autorité de l'audiovisuel avait décidé sa suspension pour une durée de 30 jours. Mais, après une grande manifestation le 8 décembre 1984, organisée par une agence de publicité sous le slogan « Pour la liberté d'expression », la sanction fut annulée par le pouvoir en place (cf. le livre d'Annick Cojean : *La folle histoire des radios libres*).

Tout ceci pour dire que s'agissant de contrer TowerCast, filiale à 100 % de NRJ et principal responsable des brouillages venant des Mercuriales, j'étais particulièrement motivé.

Cependant, la responsabilité de la situation incombait légalement au seul CSA, qui avait délivré à TowerCast les autorisations d'émettre.

Quel a été votre parcours professionnel ? Et celui de citoyen ?

J'ai un diplôme d'ingénieur en électronique et j'ai été enseignant-chercheur à l'université.

À la fin des années 70, après un procès concernant mon logement, j'ai participé au mouvement citoyen des boutiques de droit, où un collectif réunissant des avocats bénévoles, des étudiants en droit, mais aussi des non-spécialistes ayant vécu une expérience en tant que justiciables, aidait les personnes qui avaient un problème juridique à clarifier leur situation.

J'ai retrouvé un fonctionnement collectif analogue chez les Sans Radio, où c'est la conjonction de diverses compétences (pour l'administration, la communication ou les actions) qui a permis d'être efficace.

Quels étaient d'après vous les enjeux de ce dossier ? Pouvez-vous nous donner votre point de vue d'homme de l'art ?

D'un point de vue citoyen, il s'agissait d'obtenir la réparation d'un trouble anormal par les autorités qui en étaient responsables.

D'un point de vue technique, il était clair que les administrations compétentes ne pouvaient ignorer qu'en autorisant le regroupement sur les Mercuriales d'un certain nombre d'antennes émettrices, il s'ensuivrait des brouillages de la bande FM dans un rayon plus ou moins grand autour de celles-ci. Les seules possibilités pour éviter de brouiller les radios du service public auraient consisté, soit à émettre toutes les stations à partir d'un site unique – mais on avait autorisé un trop grand nombre de fréquences pour que ce soit possible –, soit à regrouper toutes les stations de Radio France autour de FIP, France Info et France Bleu, mais cette solution, évidemment connue du CSA (cf. rapport du CSA du 20/12/2007) n'a pas été prise en compte lors de la mise en service du nouveau plan de fréquences sur Paris et sa région, le 4 septembre 2007.

L'idée de disposer d'un émetteur RNT à côté d'une bande FM qui resterait brouillée est née l'année suivante.

Quand et comment vous est venue l'idée de proposer l'installation d'un émetteur numérique ?

L'expert chargé en juin 2007 d'identifier l'origine des brouillages et de proposer une possible solution avait conclu que le remède arriverait avec la radio numérique terrestre (RNT). Dans son rapport remis en août 2008, il proposait de « *faciliter l'accès à la radio numérique aux auditeurs gênés par les difficultés de réception de la bande FM dans l'Est parisien* ». La RNT était attendue pour la fin 2008, son lancement eut lieu le 20 juin 2014, mais, faute de volonté gouvernementale, ou plus exactement parce que le pouvoir précédent, aiguillonné par un rapport qu'il avait commandé au haut fonctionnaire David Kessler, avait précisément choisi pour Radio France l'option inverse, le groupe public en était absent, ayant renoncé au multiplex à l'origine préempté pour lui par le CSA.

Par chance, nous avions découvert entre-temps qu'à Rambouillet, le CSA avait autorisé l'implantation d'un émetteur numérique local privé qui diffusait, entre autres, plusieurs stations de Radio France.

L'idée d'en avoir un à Bagnolet s'est alors imposée. L'association en a fait la demande devant le CSA puis Radio France. En complément, Jean-Michel demandait une diffusion en DVB-T (le standard de la TNT) sur le câble, où se trouvaient déjà une dizaine de radios, dont trois publiques. Cela ne s'est pas fait.

Finalement, c'est le 12 juillet 2016 que TowerCast, avec l'accord du CSA et de Radio France, a mis en route sur les Mercuriales un émetteur numérique pour les six stations de Radio France. On peut considérer que c'était à titre de dommages de guerre pour les troubles générés par le même TowerCast…

Êtes-vous un auditeur passionné et quelles émissions vous attirent le plus ?

Je suis fasciné depuis toujours par ces appareils qui font entrer chez vous le monde extérieur en vous laissant faire autre chose en même temps, bouger ou au contraire écouter dans le noir les yeux fermés, toutes choses pour lesquelles la télévision n'est pas faite. Les émissions qui m'attirent le plus portent sur l'actualité en général et sur la musique en particulier.

2020 / 2021

La panne de Pâques

En panne en plein confinement, un lundi de Pâques d'avril 2020... il ne manquait plus que cela à Emmanuelle B. Elle est mal ! Sa radio en DAB+, qui l'accompagne depuis l'automne 2016 et qui rythme son existence, ne marche plus : bloquée ! Une mention à l'écran : *Bluetooth*. Plus de radio, plus d'infos ! Elle est isolée, coupée du monde...

Sans autre recours, elle m'appelle !

Parmi les premières victimes à adhérer aux Sans Radio, Emmanuelle B. habite le quartier des Coutures à Bagnolet. Octogénaire, ancienne de l'ORTF, elle tient en horreur... la télévision ! Et ne s'informe que par la radio. Exclusivement sur le service public ! Elle n'a pas de téléviseur chez elle. Comme de nombreux adhérents ! À s'interroger sur la statistique qui circule selon laquelle 2 % de Français seulement ne seraient pas équipés d'écrans... Ils doivent tous habiter autour de la porte de Bagnolet.

Quand, à l'été 2016, l'émetteur en DAB+ est enfin installé par TowerCast sur la zone, et que les riverains peuvent écouter les stations du groupe Radio France qu'il émet, l'association des Sans Radio décide de fournir en radios RNT, à prix coûtant et pour les remercier, les 52 adhérents engagés avec elle dans une démarche en justice collective : sur une nouvelle initiative de Jean-Philippe Carlin, un contact est établi avec un industriel reconnu sur le marché. L'association veut aussi en faire profiter son avocat, histoire de le remercier de son immense contribution. Et quelques autres personnalités qui ont contribué au mouvement.

De fil en aiguille, un vrai trafic – légal, que l'on se rassure ! – de radios DAB+, livrées depuis l'Angleterre, se développe au siège de l'association. Les livreurs défilent à Bagnolet, sonnent à la grille avec leurs cartons. Quelques adhérents, comme Emmanuelle B., en profitent ! Ils choisissent leur modèle sur le blog des Sans Radio, le réservent et viennent un peu plus tard le chercher : l'occasion de rencontres avec des adhérents fidèles, pour moi qui gère depuis mon domicile, pendant plus d'un an, un flux de livraison et de cartons, avec de nombreux rendez-vous à planifier. L'occasion aussi de recueillir quelques témoignages sur le bord du trottoir avec ceux qui ont partagé cette lutte, de faire connaissance et d'échanger sur ce mouvement.

Comme tant d'autres, Emmanuelle B. est passée à mon domicile pour récupérer sa radio. Et quatre ans plus tard, celle-ci tombe en panne. Je suis devenu expert de ces petites machines capricieuses.

Ce n'est pas le premier poste qui fait défaut. La première à m'appeler a été Mme Dorra. La passionaria des Sans Radio. Souvent c'était elle qui déréglait le sien sans le faire exprès ! Je me suis fait à ces appels : comme souvent pour ces appareils à base d'électronique, il suffit souvent d'enlever la batterie et de réinitialiser le système pour redémarrer.

Cette fois, je suis à distance. Confiné comme Emmanuelle ! À l'autre bout de la France. Mon conseil suffit : une fois la batterie débranchée, puis rebranchée, la radio repart : Emmanuelle sort de la léthargie radiophonique. Elle craignait tellement de retrouver le silence de 2002, qu'elle dut supporter jusqu'en 2016.

Cette fois, le son du transistor est revenu. Elle est soulagée !

Radio France en RNT : fin du stade expérimental

Depuis le 12 octobre 2021, les stations de Radio France sont disponibles en DAB+ sur l'axe Paris-Lyon-Marseille, intégrant l'ensemble des agglomérations situées sur cet axe, en attendant une généralisation à l'intégralité du territoire national. Dans la foulée l'émetteur expérimental des Mercuriales qui « arrosait » notre zone de l'Est parisien depuis 2016, devenu superflu, a été arrêté.

On peut toutefois regretter que les conditions de diffusion aient été dégradées avec ce basculement de 2021. Notamment le flux de données, qui est passé de 96 à 88 kilobits par seconde, ce qui est très insuffisant pour une écoute musicale de qualité. Nos voisins européens font beaucoup mieux. Il semble clair que les décideurs français souhaitent cantonner la RNT à l'écoute sur autoradio, et n'ont pas considéré les récepteurs de salon ou les casques hifi dans leur réflexion. Un autre combat à venir, pour nous ou pour d'autres ?

CONTRIBUTIONS ET TÉMOIGNAGES

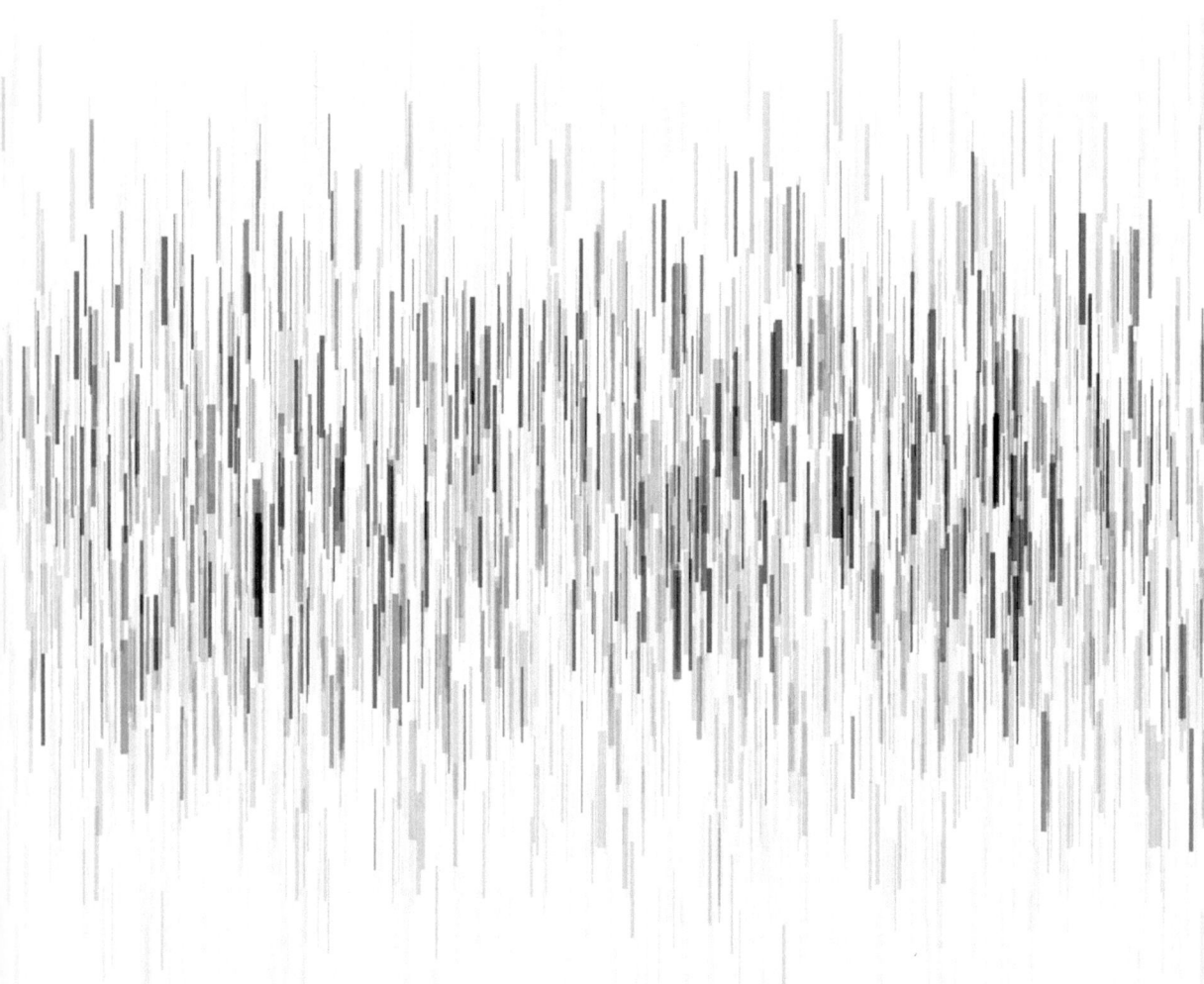

Estelle Dorra - 4 novembre 2009

Cher monsieur,

Ce petit mot, écrit dans un moment d'exaspération, mais aussi de désespoir. Neuf années maintenant de réclamations auprès du CSA, interventions à l'Assemblée nationale, pétitions et aucun résultat. Jusqu'à ces jours-ci, je parvenais à capter la nuit, dans mon lit, France Culture, et donc je pouvais chasser les idées noires des insomnies, en écoutant des conférences et diverses émissions. Depuis quelques jours, j'ai beau tourner ma radio dans tous les sens, rien d'autre que du brouillage.

Sommes-nous en France, qui s'offre tout un ministère de la Culture, ou bien en Papouasie ? Merci de bien vouloir transmettre cette supplique à l'avocat qui suit le dossier, en lui indiquant mon âge (83 ans) et acceptez mes bien cordiales salutations.

Estelle Dorra

PS : Quant à France Inter, j'en suis arrivée à penser que cette chaîne n'existe pas !

Estelle Dorra - juin 2011

« Que font les Sans Radio ? Je ne peux plus du tout écouter France Culture depuis que ma vieille radio est tombée. Comment occuper mes insomnies ? M. Léon, faites quelque chose... À mon âge, plus de 80 ans, je demande juste à pouvoir distraire mes nuits avec la radio... »

Christiane Rey - 10 novembre 2016 - La radio, c'est quoi ?

Ça rythme la vie – ça fait voyager – ça donne des idées – ça fait du bien. Ça a toujours fait partie de ma vie... Une des raisons qui m'ont portée vers le métier de tapissier était la possibilité d'écouter la radio tout en travaillant. Aussi, lorsque j'ai acheté un petit atelier à Bagnolet en 2003, j'ai été très déçue de ne plus pouvoir capter les radios que j'écoutais. Je suis allée chez Darty, croyant que mon poste était défaillant ; le vendeur m'a dit que rien n'y ferait, quel que soit l'appareil : grosse déprime !

Lorsque j'ai vu les « Sans Radio » à un forum des associations, ça m'a remonté le moral. Et aujourd'hui, j'ai une super radio qui capte, grâce à la pugnacité de cette association ! Les jours gris ont repris des couleurs !

Anne Boulanger-Pécout - 30 janvier 2017

2004 : les vendeurs de l'appartement que nous nous apprêtons à acheter rue du Télégraphe nous disent : « *Il n'y a qu'un seul inconvénient, vous ne pourrez pas écouter la radio.* »

Premiers essais après l'emménagement : Oh, ils ont beaucoup exagéré, la réception est tout à fait satisfaisante ! À peine nous sommes-nous fait cette réflexion que – greugreu-greugreu-greugreu – le poste se racle la gorge. Tiens, que se passe-t-il ? Mais voilà que les infos reviennent : « *États-Unis, élection présidentielle : le président sortant George W. Bush (républicain) affronte John Kerry (démocrate).* » Voilà, nous avons l'écoute.

Pas pour longtemps – greugreu-greugreu-greugreu… Peut-être faut-il changer le poste de place ? Oui ! Plein succès. Il suffisait d'y penser. Mais très vite – greugreu-greugreu-greugreu… Est-ce une galère qui s'annonce ?

Au fil des jours, nous nous lançons dans toute une série d'expérimentations. Sortir l'antenne à la verticale : échec. L'incliner dans un sens : échec. Dans l'autre : échec. Vers la tour Eiffel : échec.

À l'évidence, c'est notre poste qui est trop vieux. Qu'importe, nous en avons deux autres, ils feront parfaitement l'affaire. Greugreu-greugreu-greugreu, répond le premier. Greugreu-greugreu-greugreu, renchérit le second. Avec, en prime, des voix de policiers qui s'intercalent en grésillant, cadeau probable de « La piscine »[12] dont nous apercevons la tour.

Au bout d'un certain temps, ça devient lassant.

Nous consultons des voisins : « *Oui, nous avons acheté un nouveau poste. Prenez tel modèle, vous devriez avoir moins d'ennuis.* » Aussitôt dit, aussitôt fait. Tant pis pour la dépense plus forte que prévu.

Nous nous installons pour savourer enfin la différence. Ça marche ! Quel bonheur d'écouter tranquillement des infos, de savourer de la musique. Mais horreur ! Le rat est aussi dans ce poste neuf ! Moins insistant, c'est vrai : Greugreu-greugreu... Mais bien présent.

Par quel miracle avons-nous découvert Les Sans Radio de l'Est parisien ? Je ne sais plus. Toujours est-il que, le 30 mars 2005, soulagés de ne plus être seuls face à un problème insoluble, nous devenons membres de l'association.

---

[12] DGSE, Direction générale de la sécurité extérieure, qui n'a en réalité aucune responsabilité dans le trouble.

Nous en avons suivi les combats, admiré le courage, apprécié la ténacité. Les nouvelles étaient toujours les mêmes : « *Nous nous battons, mais… Nous avançons, mais…* » Ces « mais » répétés qui cédaient les uns après les autres sous les assauts d'une opiniâtreté qui ne s'est jamais démentie.

Jusqu'au jour où…

« *Date de publication : jeudi 22 septembre 2016 – Assemblée plénière du 22 juin 2016*
Le CSA a autorisé la société TowerCast à procéder à une expérimentation de diffusion de radio numérique terrestre de sept stations de Radio France depuis le site des Mercuriales, situé à proximité de la porte de Bagnolet à Paris, du 29 juin 2016 au 28 mars 2017. »

Merci, monsieur le CSA ! Bravo, monsieur le CSA ! Grand seigneur, monsieur le CSA ! Jusqu'au 28 mars 2017… et après ? Allo, monsieur le CSA, faudra-t-il reprendre le combat ???

Mais voici une bien bonne nouvelle :

« *Réunion d'information à la mairie de Bagnolet, lundi 5 décembre 2016 : Les Bagnoletais et leurs voisins peuvent désormais – il s'agit d'une première nationale – écouter les sept stations du groupe de service public Radio France.* »

En peu de mots, les choses compliquées sont dites simplement. Parce que le porteur de cette bonne nouvelle passe beaucoup plus de temps à agir qu'à se hausser du col, lui. Un grand merci à Michel Léon, grâce à qui nous découvrons enfin le bonheur d'être « Les Avec Radio de l'Est parisien ».

Claudie Barrera Oro - 5 mai 2017

En guise de vœux pour l'année nouvelle, Radio France nous annonce son basculement sur le numérique : basculement sur le vide sidéral pour nous autres, pauvres habitants de l'est parisien privés de FM ; panique à bord chez moi où quatre postes fonctionnent ensemble ou alternativement, de la salle de bains à la cuisine en passant par le salon, avec migration vers la pièce bureau : impossible de faire face sans angoisse à l'hystérie des chaînes privées, seules à combler un vide insupportable.

La radio, pour moi, c'est l'ouverture, l'accès au monde infini de la culture, au plaisir des débats entre gens beaucoup plus cultivés qui nous rendent plus intelligents, c'est une pub discrète bien dosée et ça, c'est la radio nationale, c'est France Inter, France Culture, France

Musique, c'est ce qui sublime les activités les plus triviales de la ménagère. Et tout d'un coup, plus rien… Tout simplement pas possible, pas acceptable !

Mais Zorro est arrivé sous l'habit simple d'un bénévole acharné, convaincu que le combat pouvait se mener contre les puissants arrogants qui monopolisent les antennes à leur énorme profit. Je connais ce combat associatif dans un autre domaine et sais l'énergie qu'il suppose, l'abnégation, parfois le découragement, la lassitude. Mais tel un Don Quichotte des temps post-modernes, Michel remonte en selle pour attaquer des antennes en place de moulins à vent !

Je l'ai rencontré grâce à une amie également guerrière bénévole, je l'ai fait connaître dans mon entourage de radio-dépendants, nous avons acquis, par son intermédiaire, de beaux postes DAB Pure[13].

Nous l'en remercions chaleureusement.

Quelle joie que d'appuyer sur une touche et paf, revoilà la voix chaude de Patrick Cohen, la vivacité d'analyse de Thomas Legrand écouté sur l'oreiller en matinale qui fait oublier les angoisses existentielles de la septuagénaire au réveil, puis vers l'heure de l'apéro Nicolas Demorand nous emmène ailleurs, autre clic et c'est la musique qui nous enveloppe. Et si rien de cela ne convient, il reste France Culture, à moins que l'on ne commence par là pour une matinée d'élévation intellectuelle.

Alors, depuis, il y a bien eu quelques ratés dans le DAB, mais de quelques secondes : on supporte !

Monique Javaudin - 7 décembre 2016

Quel bonheur de pouvoir enfin réécouter France Musique enfin et vive la RNT ! Et pourtant à la veille de venir récupérer le poste chez vous, j'avais fait un méchant cauchemar qui, heureusement, ne s'est pas réalisé : j'arrivais en courant car j'étais très en retard, mais vous étiez là et je repartais avec le poste RNT. Hélas, en arrivant à la maison, mêmes grésillements ! Je me suis réveillée ; j'en aurais pleuré ! Mais il faut que je vous raconte une anecdote que j'appellerai : radio-Grisou. Ça se passe dans les temps anciens, avant la RNT.

---

[13] Le fabricant britannique de récepteurs RNT dont il est question plus haut.

Dans ces temps préhistoriques, et comme j'écoute la radio souvent la nuit, mon poste était toujours posé près de mon oreiller et donc de mes oreilles, afin de mieux comprendre ce qui se racontait au milieu des crachotements. J'étais même obligée de tenir l'antenne pour une meilleure écoute. Il m'est d'ailleurs souvent arrivé d'être réveillée par la chute du poste dû au « lachâge » de l'antenne ! Grisou est mon chat, interdit de chambre depuis toujours mais qui a toujours persisté dans son idée de forcer la porte pour dormir sur le lit. Une nuit que je m'étais endormie en écoutant la radio, j'ai été réveillée par deux éléments nouveaux : un ronronnement et une absence de grésillements venant du poste. Grisou était subrepticement entré dans la chambre et s'était collé contre le poste, peut-être intéressé par l'émission en cours. J'ai allumé la lumière ; nous nous sommes regardés en chats de faïence et il a fait son sourire de chat quand je l'ai caressé au lieu de le chasser. Ensuite, chaque soir, je l'ai encouragé à reprendre sa place auprès du poste, ce qu'il a fait gentiment. En reconnaissance de ses bons et loyaux services d'antenne-relais, je l'autorise dorénavant à rester sur le lit.

Damien Hardy - 5 mars 2017 - Une antenne en canette

Les ondes de Radio France étant capricieuses dans le 20ᵉ arrondissement, j'ai tenté, hélas sans succès, d'améliorer mon antenne radio. Sur des conseils, il faut le croire, farfelus issus des tutoriels d'Internet, j'ai enchâssé la longue antenne métallique de canettes en aluminium découpées et pliées. Je comptais beaucoup sur le fond de la canette qui ressemble vaguement à un radar miniature. Après avoir ajouté trois fonds de canette à l'antenne et après avoir essayé toutes les orientations possibles, l'amélioration n'était guère sensible. Avec peut-être un peu d'auto-persuasion, je trouvais cependant les grésillements légèrement moins désagréables. C'est à cause de cette auto-persuasion que ce montage inesthétique est resté, même après mon déménagement vers des contrées moins hostiles aux ondes de France Inter.

Pierre Morin - 28 mai 2017

Laurence Demorgon - 13 novembre 2016 - Ma contribution à l'audiovisuel public ou il n'est pire sourd que celui qui ne veut entendre

Là-haut sur le plateau, depuis bien plus d'une décennie, de mes fenêtres côté cour je guette deux grandes tours jumelles, côté rue je soupèse du regard la soucoupe en vol stationnaire au-dessus du fort de Romainville, et, entre les deux, je n'ai toujours « rien entre les oreilles » ; j'ai beau écouter, je ne vois toujours rien venir[14]… Pourtant cela s'annonçait bien : le parrainage de Mercure, messager des dieux d'un côté, et, de l'autre, la « gardienne des ondes » si puissante et bienveillante qu'au cœur de la jungle colombienne, Ingrid Betancourt entendit les messages de soutien de Radio France internationale.

Je regarde ma collection de postes de radio portatifs achetés au fil des ans avec, à chaque fois, une bouffée d'espoir technologique de pouvoir écouter autre chose que la toujours très claire et nette Radio Courtoisie ou la tonitruante Skyrock. Il y eut aussi la phase système D, entre autres bricolages à base d'aluminium. Pourtant, la voix de son maître, quand elle n'était pas aux abonnés absents, était aussi ténue qu'un dernier souffle. Puis il y eut le smartphone et son comparse l'ordinateur portable avec leur toutou, l'enceinte Bluetooth, à trimballer d'une pièce à l'autre, d'un étage à l'autre pour tenter de ne pas rompre le fil et, enfin, la si précieuse « baladodiffusion ». Mais le *replay*, c'est pas flair-play ! Que devenait le geste simple d'allumer la radio sur ses stations préférées sans autrement y penser ? Aujourd'hui, une petite clairière sonore se dessine… La radio numérique terrestre. Et de recommencer à jongler avec les sources – RNT, FM – car si celle-ci est audible en RNT, celle-là non. Mais c'est déjà ça. Tant qu'il y quelque chose à écouter…

Suzanne Lardreau - 9 novembre 2016

J'écoute France Culture depuis, depuis… une éternité ?
Mes premiers souvenirs remontent aux années 1975/1976.
Le soir, en semaine, François Périer avec les *Âmes mortes* de Nicolas Gogol m'aidait, après le travail, à préparer le repas du soir.
Le matin, dès que mes enfants furent en mesure de se préparer seuls pour l'école, j'ai installé deux postes : l'un dans la cuisine, l'autre dans la salle de bains.

---

[14] France Inter, la station de service public, arborait dans les années 1980 le slogan « *Pour ceux qui ont quelque chose entre les oreilles* », puis en 1991 « *Écoutez, ça n'a rien à voir* ».

Ensuite au boulot. Mais attention ! Pendant le trajet en voiture, pas question de perdre les précieuses émissions du matin que, par chance, je captais.

Passionnée par le travail réalisé par cette radio, je me rendais quelquefois dans les studios de Radio France. Jean Lebrun avait la gentillesse de m'y accueillir avec beaucoup de chaleur, me permettant de poser des questions aux invités. Le dimanche, pour rien au monde, je n'aurais voulu manquer *Des papous dans la tête* de Bertrand Jérôme. Le lundi soir, même assiduité de ma part pour Patrice Gelinet et son émission sur l'histoire. Emmanuel Laurentin, déjà actif, y présentait une revue de presse adaptée à l'époque traitée.

Tout ce que je pouvais découvrir, entendre, apprendre, savourer dans ces émissions ! Quelle richesse ! Quelle intelligence ! Tout cela était naturel, facile, sans problème. Question : où s'épanouissait ce paradis radiophonique ? Réponse : en banlieue, à Créteil.

Et puis me voilà à Paris. Là…, catastrophe ! Habitant près de la porte de Bagnolet, ma radio préférée devenait inaudible. Pour suivre une émission, je devais me battre : soit changer mon poste de pièce, soit le manipuler, soit rester immobile. Souvent en vain, car aucune de ces astuces ne garantissait l'écoute. Bref ! Ouvrir la radio devenait insupportable. Et que faire, en voiture dans le quartier ? Rien, sinon ne pas allumer le poste.

À cela s'ajoutait l'incrédulité, parfois moqueuse, parfois méprisante des « étrangers ».

J'ai fini par culpabiliser. Peut-être était-ce de ma faute ? Pour en avoir le cœur net, j'ai acheté un genre de « Rolls-Royce » de poste. Résultat nul !

Un jour, je me suis confiée à un ami très proche, personnage important à la Maison de la radio. Grande fut ma surprise quand il m'a apostrophée, la bouche en cœur :

- Mais c'est quoi ton poste radio de merde ?

J'étais et je suis toujours stupéfaite quand je pense à cette remarque presque injurieuse. Je n'ai toujours pas compris pourquoi, devant de telles carences, il a fallu quatorze ans – oui quatorze ans –, de combat aux Sans Radio de l'Est parisien pour qu'enfin, je puisse à nouveau déguster France Culture.

Pourvu que ça dure !

Michelle Creuse - 23 novembre 2016

Il y a quelques années ma radio fonctionnait mal, j'en ai donc racheté une plus moderne, de qualité, qui chez le vendeur avait une très bonne sonorité. Mais chez moi de piètres résultats : les stations de Radio France, les seules que j'écoute, avaient un rendu exécrable.

Un second récepteur rend l'âme et je fonde beaucoup d'espoir dans cet autre nouvel achat, d'encore meilleure qualité que le précédent. Hélas, même mésaventure que la première.

Sans voiture, j'ignore que la réception radio est brouillée en passant dans le secteur de la porte de Bagnolet. Mais j'enquête auprès de mes voisins de l'immeuble qui n'écoutent guère la radio, pas ou très peu les radios nationales, donc pour eux pas de problème.

Impossible de concevoir dans ma foi citoyenne que ces radios publiques ne puissent pas être captées à Paris.

Toujours naïve, je cherche une réponse sur le site de Radio France, rubrique « fréquences », « CSA » etc. Rien. Puis j'apprends que nous sommes des milliers à subir cet inconfort et cette injustice en tombant sur le site des « Sans Radio de l'Est parisien ».

C'est un groupuscule de citoyens en colère, révoltés pugnaces et honnêtes, qui a créé cette association.

Réconfortée et admirative de leur action, j'adhère aux Sans Radio.

Ils sont déterminés, dénoncent, agissent, se battent, rendent compte régulièrement de leurs actions tous azimuts malgré la langue de bois, esquives et dérobades, voire la mauvaise foi qu'ils subissent de certains de leurs multiples interlocuteurs.

Comme cette allégation que nos matériels de réception radio seraient de mauvaise qualité et donc la cause de nos ennuis. Les Sans Radio rétorquent en proposant un constat d'huissier.

Ainsi, les années et les AG passent, quatorze ans…

Et c'est le coup de tonnerre. Ils ont gagné et même, première en France, la radio numérique !

Merci et bravo à ces valeureux citoyens solidaires à qui je dédie mes futures claires écoutes radiophoniques des nouvelles de notre monde difficile : ils nous prouvent par leur courage opiniâtre que nous pouvons le faire bouger.

Josette Topart - 20 février 2017

Après l'acquisition par votre intermédiaire d'un poste de radio FM/RNT/DAB, je peux depuis début février recevoir France Culture, France Musique et France Inter sans grésillement.

Arrivée aux Lilas début 2010, apercevant de ma fenêtre les antennes des tours Mercuriales (point de mesure : rue de Noisy-le-Sec aux Lilas), je n'ai pu que constater l'impossibilité d'écouter les stations de Radio France. Alertée par le bulletin municipal *Infos Lilas*, j'ai découvert l'existence de l'association des Sans Radio de l'Est parisien.

Satisfaite de la bonne réception des émissions, je tiens à remercier cette association pour sa persévérance dans ses démarches pour obtenir une solution à ce problème constaté par beaucoup de personnes.

Des centaines de courriers… à l'occasion, entre autres, des vœux, des élections, des nominations.

Des communiqués de presse. Une pétition papier distribuée dans les conseils de quartier de Bagnolet, Montreuil, Paris, sur les forums des associations des trois communes.

Un blog sur Internet (depuis 2009).

De multiples interventions pour le vote de vœux par les conseils municipaux (Bagnolet, Les Lilas, Romainville, Montreuil, Paris-20, Paris-19), départementaux (Conseil de Paris, Seine-Saint-Denis) ou régional (conseil régional d'Île-de-France).

Des contacts tous azimuts avec des associations diverses et variées (Amis de France Culture, association de quartiers – Balipa – Amap…).

Cinq actions en justice, dont un recours en cassation, un recours en rétractation.

Quatre questions orales à l'Assemblée nationale et au Sénat.

Quatre audiences au CSA.

Une expertise judiciaire avec trois audiences (une en mairie de Bagnolet).

Une audience avec le ministre de la Culture au ministère, rue de Valois.

Une interpellation du président du CSA dans un salon professionnel.

Des échanges sans fin avec la Cada (Commission d'accès aux documents administratifs).

Des dizaines d'articles dans la presse, plusieurs fois à la Une des journaux, depuis 2002 jusqu'en 2016 (la plupart dans l'édition Seine-Saint-Denis du quotidien *Le Parisien*).

Des nombreux passages radios, dont l'ouverture du 13 h sur France Inter.

Des émissions de télévision (TVMontreuil),

Des surprises, des rebondissements !

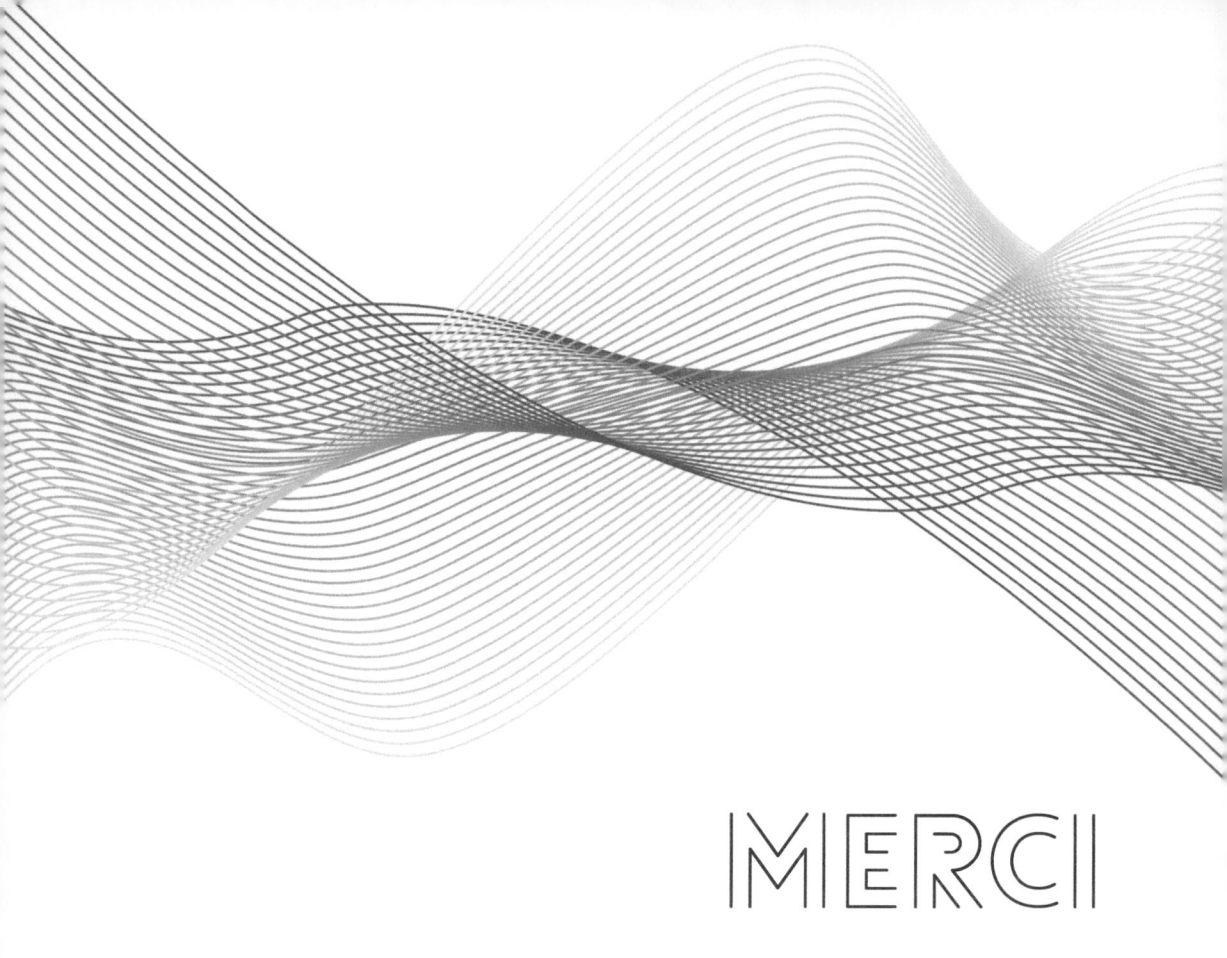

À Jean-Louis Guin, avocat.

Aux administrateurs de l'association :
Corinne Benabdallah, Isabelle Bénita, Véra Benzaquen, Jean-Michel Blengino, Jean-Philippe Carlin, Denyse Chalghoumi, Annette Foucart, Jean-Pierre Hauguel, Julien Hirszowski, Martine Lesbros-Verbrugghe, Antoine Mesré, Roger Miglierina, Clary Monaque, Marie-Claude Rauch, Catherine Tabart, Olivier Taussig, Hélène Thiebaud, Alain Van Eeckhaute, Alain Wagneur.

Aux 53 adhérents qui ont esté en justice avec l'association.

À David Assouline, André Baraglioli, Claude Bartolone, Denis Baupin, Christophe Bayle, Jean-Michel Bérard, Daniel Bernard, Josiane Bernard, Martyne Bloch, Patrick Bloche, Hervé Bramy, Jean-Pierre Brard, Jean-Claude Bugeat, Frédérique Calandra, Caroline (société Pure), Fanélie Carrey-Conte, Michel Charzat, Arnaud Corbin, Jacques Cossart, Tony Di Martino, Estelle Dorra, Marc Everbecq, Jean-Louis Fournier, Jean-Luc Frumy, Daniel Guiraud, Sylvain Guy, Jo Héré, Nathalie Kaufmann, Bertrand Kern, Christian Lagrange, Martine Legrand, Pierre Mathon, Jean-Charles Nègre, Florence Neustadt, George Pau-Langevin, Bernard Pignerol, Serge Pugeault, Jocelyne Riou, Alain-François Roger, Hélène Zanier.

Aux fonctionnaires territoriaux.

Aux journalistes attentifs au dossier.

À mes proches qui ont supporté les conséquences de ce combat.

Association Les Sans Radio de l'Est parisien